Le fils ingrat

Fernand Weber

Le fils ingrat

Une jeunesse rebelle en Alsace

1935-1945

La Nuée Bleue

TÉMOIGNAGES À LA NUÉE BLEUE
Extrait du catalogue

Robert Blum, *Le présent éternel*
Raymond Bourgart, *Strasbourg toujours*
Michel Deutsch, *Alsace, terre étrangère*
Huguette Dreikaus, *Le monde d'Huguette*
Guy Fauchille, *Marie Krieger*
Rosalie Firholz, *Une enfance à la ferme* ; *Un amour pour la vie*
Jacques-Henry Gros, *Au fil du siècle*
Mireille Horsinga-Renno, *Cher oncle Georg*
Hubert Haenel, *De facteur à sénateur, chemin faisant...*
Daniel Hoeffel, *En trois points et quelques autres...*
Alain Howiller, *L'Europe au cœur*
Florent Holveck, *La borne rouge*
Jean-Michel Jeudy, *Les brimbelles de Californie*
Pierre Kretz, *Quand j'étais petit, j'étais catholique*
Frère Médard, *L'Alsace fidèle à elle-même ?*
Simone Morgenthaler, *Au jardin de ma mère*
Édouard Nies-Berger, *Albert Schweitzer m'a dit*
René Paira, *Affaires d'Alsace*
Pierre Pflimlin, *Itinéraires d'un Européen*
Ulrich Richert, *Retour au Sundgau*
Marcel Rudloff, *Souvenirs pour demain*
Renée Roth-Hano, *D'un monde à l'autre*
Marie-Louise Roth-Zimmermann, *Je me souviens de Schelklingen*
René Spiess, *Les tombes perdues*
Tony Troxler, *Mémoires d'un saltimbanque*
Tomi Ungerer, *À la guerre comme à la guerre*
Claude Vigée, *La maison des vivants*
Raymond Vogel, *Lieutenant malgré lui*
André Weber, *Les hommes de quinze ans*

ISBN 2-7165-0491-1

AVANT-PROPOS

Témoin du chaos

À Avril Maud,
mon épouse défunte et regrettée,
en hommage à l'Alsace,
aux Alsaciens et aux Alsaciennes
qu'elle avait aimés et dont elle fut aimée

Ce récit relate la vie familiale et scolaire d'un jeune garçon d'extraction modeste, né et grandi dans l'une des premières cités ouvrières d'un village anonyme d'Alsace, dont les ressources ne lui suffirent ni à alimenter ses ambitions ni à étancher son appétit de savoir, qu'il avait imaginé très tôt pouvoir satisfaire dans la grande ville.

Ce Petit Joseph, tant s'en faut, n'est pas un héros de roman, ni le héros tout court qu'il aurait pu devenir dans cette décennie 1935-1945 de tous les risques. Son histoire est banale, humble comme celle de la plupart de ses compatriotes. L'argent faisait alors défaut, le chômage menaçait, la pauvreté était le lot de la plupart des familles ; la guerre apporta destruction et désolation, morts et blessures, antagonismes et bouleversements sociaux, politiques et culturels.

Petit Joseph témoigne à sa façon de ce qu'il a vu, entendu, ressenti et fait durant ces années décisives et perturbées ; l'auteur essaie, autant que faire se peut, de respecter l'expression et la réalité de ces souvenirs. Sans trop se soucier de l'ordre chronologique, la relation d'événements qui ont particulièrement marqué le personnage central offrira aux plus jeunes lecteurs quelques repères pour comprendre les difficultés du monde ouvrier et paysan d'alors.

Qu'on ne s'étonne pas de voir ressurgir dans ce récit les thèmes éternels de l'enfance et de l'adolescence, avec la coloration spécifique induite par les événements tragiques de la Seconde Guerre mondiale.

Que le lecteur sache que Petit Joseph, comme bien d'autres enfants, après avoir vaincu les vents contraires, a atteint, à force de ramer, l'indispensable maturité qui lui permit de voguer, enrichi d'expériences et de sagesse, vers une insertion honorable dans la société.

F. W.

« Je plie et ne romps pas. »

La Fontaine

Fils d'ouvrier

Petit Joseph allait gaillardement sur ses cinq ans. C'était un bonhomme fluet et fragile, une boule de nerfs, en butte à des crises d'hyperémotivité, dont il ressortait chaque fois plus lucide et mature. Honteux de se laisser aller à des écarts de conduite incontrôlables, il cherchait après chaque débordement à se faire pardonner.

Paradoxalement, à cinq ans, il en avait déjà assez d'être traité en enfant. Il jubilait intérieurement d'être considéré comme un grand garçon, lorsqu'il rapportait de chez le boucher, le boulanger ou l'épicier, la monnaie des courses, au sou près. Toutefois, pour le mettre à l'épreuve, la grand-mère ou l'une des tantes s'assuraient rituellement, avec un certain scepticisme, que rien ne manquait, vidant le porte-monnaie sur la table, avant de compter les pièces une à une, non sans un hochement de tête approbateur, mêlé d'incrédulité.

Dans les moments difficiles, Petit Joseph cherchait l'aile tutélaire de son père, qu'il adorait comme une idole. En vertu de cette piété filiale inébranlable, il pensait être en mesure de s'adresser à lui comme un grand. Il avait une si haute opinion de son père, contremaître en chef de la grande fabrique, qu'il ne pouvait comprendre que celui-ci dût enlever humblement sa casquette, ou son chapeau le dimanche, quand il croisait Monsieur le directeur de la grande école des garçons, Monsieur le curé, les abbés, les sœurs enseignantes de l'école des filles ou les quatre sœurs gardes-malades du village.

Qu'un enfant fût tenu de le faire, en signe de respect et de politesse, comme la mère l'avait demandé à Joseph, ne souffrait aucune contestation. Mais que les convenances l'exigeassent du père, responsable dans une grande entreprise, témoignait d'une injuste et insupportable sujétion.

– Les petites gens doivent du respect et de l'estime aux personnes qui ont de l'instruction et qui sont riches. C'est ainsi que va le monde.

Ces paroles du père laissèrent Petit Joseph pantois. Il se jura, quand il serait grand, d'être riche et instruit, ce qui lui donnerait le droit d'exiger des autres qu'ils lèvent le couvre-chef : ainsi, son père serait vengé.

Telle était la secrète motivation de Petit Joseph, qui cochait chaque jeudi matin, jour de relâche scolaire, les semaines écoulées sur le calendrier suspendu à côté du buffet de la cuisine : il avait la ferme intention de grandir, pour se propulser dans le monde des adultes.

Petit Joseph évoluait dans un climat de religiosité traditionnelle et froide qui le rebutait. Mais il appréciait qu'on lui eût appris que, pour plaire à l'Enfant Jésus, un petit garçon devait faire de gentilles prières, chaque soir avant de s'endormir, afin que les vilains péchés commis au cours de la journée soient pardonnés. Il s'y appliqua de toutes ses forces. Pourtant, il en voulait au Bon Dieu du Ciel de ne pas lui avoir donné de sœur : ce n'était nullement son rôle à lui de servir de nounou aux petits frères. Il en avait honte, puisque cela lui faisait perdre l'estime de ses camarades, qui ne trouvaient pas mieux que de se gausser de son infortune.

Mais la mère refusait obstinément de faire la moindre différence entre l'aîné et les autres, considérant chacun comme un don exclusif du Ciel, hors de toute préférence. Comme Joseph était venu en premier, le Bon Dieu avait décidé qu'il lui incombait des devoirs, auxquels il n'avait pas le droit de se soustraire. Car la mère ne tenait pas du tout à provoquer un couac dans les relations courtoises nouées entre la cure et la famille. Pour le père, aîné ou pas, les quatre enfants avaient leur avenir à l'usine textile, une fois la scolarité primaire achevée. Ils apporteraient leur salaire à la mère, comme lui l'avait fait dès ses douze ans.

Ce qui tourmentait Petit Joseph n'était pas la perspective d'un avenir modeste en entreprise, mais une peur panique des feux de l'Enfer, dans lesquels grillaient pour l'éternité les réprouvés, décédés en situation de péché mortel. Malgré tout, il gardait une étonnante sérénité, puisque des personnes de bonne volonté lui avaient dit que l'essentiel dans la vie consistait à vivre en conformité avec les principes d'un code d'honneur et de dignité : « Tu honoreras ton Dieu ; tu respecteras tes parents ; tu ne voleras pas, ni ne mentiras ; tu ne commettras pas d'actions répréhensibles, ni ne te complairas dans des pensées impures. »

Certains comportements, autour de lui, étaient à mille lieues de ces préceptes chrétiens. Et, s'il y trouvait généralement des excuses, il ressentait un vague malaise en constatant que, chez certaines personnes, la fréquentation des offices servait surtout à éviter les qu'en-dira-t-on malveillants. D'autres trouvaient aisément, le jour des grandes fêtes liturgiques, le chemin du confessionnal, pour la simple raison qu'il était facile de se dédouaner dans l'immédiat à bon compte, moyennant quelques *Ave Maria* et *Notre Père* en guise de pénitence, pour retomber aussitôt dans les mêmes travers, la chair étant réputée faible, et le pardon du Bon Dieu inépuisable.

En plein orage, les familles apeurées imploraient ce dernier pour qu'Il envoie le tonnerre et surtout la foudre chez les voisins. Avant les repas, tandis que le pater familias marmonnait de rapides prières d'action de grâce, on se tenait debout autour de la table avant de se jeter sur la nourriture, tout en plaignant hypocritement les pauvres, privés de l'essentiel. En toutes occasions, on faisait le cabalistique signe de la Croix, qui avait fini par perdre tout son sens. Enfin, pendant l'office, on se limitait à réciter les magnifiques recommandations du missel, sans songer à les mettre en pratique ; et, après avoir prié, chanté, communié, on revenait plus courroucé que jamais contre les siens, et de méchante humeur pour la journée... Devant tant de contradictions, Petit Joseph se mit à protester avec véhémence, affirmant aux parents que Jésus refusait ces prières de contrefaçon.

Les enfants finirent par comprendre que prier fatiguait. Dans la famille, on priait à n'en plus finir, usant les cinq dizaines de grains du chapelet. Quand ils étaient las, les enfants demandaient l'autorisation de prier à voix basse, pour accélérer le rythme et sauter les dizaines. Depuis toujours, ils n'entendaient parler que de l'Ancien Testament, tout de rigueur dans ses applications concrètes. La mère mentionnait rarement le Nouveau Testament, jamais les Actes des Apôtres ni saint Paul. C'est à cette imprégnation qu'elle devait son inflexibilité, son absence de tendresse et son intolérance maladive pour tout ce qui relevait de l'affectif. Elle était guidée par une obsession : sauver à tout prix les apparences d'un ménage uni.

Petit Joseph menait une existence solitaire, au sein de cette famille minée en permanence par des problèmes de survie financière. Préoccupé par l'arrivée au pouvoir du Front populaire, le patron de l'usine brandissait en permanence la menace du chômage devant son personnel. En famille, on espérait que les conditions de travail et les salaires s'en trouveraient améliorés. Petit Joseph comprenait les difficultés dans lesquelles ses parents se débattaient ; il arrivait que la mère vidât le contenu de sa tirelire pour boucler une fin de mois difficile. Il aurait souhaité qu'ils fussent plus riches, à l'image du patron qui se déplaçait en Traction avant ou de quelques propriétaires terriens disposant de beaux attelages, alors que le père devait se contenter d'une bicyclette déglinguée.

De cette épaisse grisaille ressortit, comme une lumière longtemps espérée, le lundi de Pâques 1935, cinquième anniversaire de Joseph, qui l'autoriserait à s'installer parmi les grands, sur la rangée de bancs réservée aux candidats à la première communion, la « petite ». On ne l'avait jusqu'alors jamais autorisé à se rendre seul aux offices. Petit Joseph se sentait brimé, parce qu'on ne voulait pas lui accorder la confiance qu'il pensait mériter. Toujours chaperonné par les parents, il jetait un regard envieux aux garçons qui avaient le privilège d'échapper, le temps d'un office, à la tutelle parentale. À présent, ce serait son tour, et il comptait en profiter pour poser les premiers jalons de son indépendance.

Le sevrage affectif s'était fait naturellement, sans larmes ni regrets, lors de son quatrième anniversaire, quand il rejoignit les bancs de l'école maternelle, communément appelée salle d'asile. Il avait compris qu'à l'école on apprenait à lire, à écrire et à calculer. Mais il lui fallut déchanter : en « salle d'asile » on accueillait majoritairement les enfants de familles nombreuses, dont les mères cherchaient à se débarrasser pour vaquer plus aisément aux travaux du ménage et de la ferme. Pourtant, Joseph était à l'aise à l'école, loin des remontrances de la mère, sous l'égide protectrice d'une souriante sœur congréganiste, fraîchement émoulue du couvent. Celle-ci se mit à raconter des histoires – dont celle de Jésus, fils de Dieu et de la Vierge Marie, qui S'était distingué par d'inattendus accès d'insubordination qui causèrent bien du chagrin à Sa mère jusqu'au sacrifice ultime sur la Croix, châtiment réservé aux réprouvés, et cela par la faute d'une ingrate fraction de la population juive de Jérusalem.

Arrivé chez lui, bouleversé par la belle et triste histoire, Petit Joseph, croyant sa mère aussi ignare que lui quelques heures plus tôt, se fit un devoir de lui raconter en détail ce qu'il avait appris. Épuisée d'avoir gardé sa marmaille piaillante, elle esquissa un geste d'impatience pour l'interrompre :

– Si tu refuses de me rendre service quand je te le demande, et que tu joues avec tes camarades en dépit de mon interdiction, comme tu sais bien que le diable se cache dans ces jeux, puisque tout cela finit par des coups de poing et des injures, tu enfonceras, comme l'ont fait les méchants Juifs, des clous dans les mains et les pieds de Jésus, qui n'a pas mérité que toi aussi, tu Le fasses souffrir. Et dépêche-toi de chercher le pain, sinon ton papa ne sera pas content !

Sur tout le trajet, Petit Joseph tenta d'échafauder une riposte satisfaisante pour se disculper d'être devenu, sans savoir comment, un tortionnaire – puisque jamais il ne lui était venu à l'esprit de maltraiter le bon Jésus, qu'il n'avait d'ailleurs pas la chance de connaître personnellement.

Rentré chez lui à midi, chargé de la lourde miche paysanne, il se sentait blessé dans son amour-propre et son honneur d'enfant. Comment la mère pouvait-elle douter de lui, alors qu'il était toujours disposé à servir, à renoncer au jeu avec les camarades, pour ne pas perdre de vue ses petits frères, dont il avait la charge ? Éclatant en sanglots, Joseph osa dire qu'elle l'avait accusé à tort, qu'elle ne l'aimait pas et qu'elle était injuste. La mère se tut, son visage se crispa ; elle arma son bras pour lui donner une claque, se retint à la dernière seconde, puis haussa les épaules. Elle emplit les assiettes d'une épaisse soupe aux légumes, le père arriva et l'incident fut clos.

À la maison, à l'église et même en salle d'asile, il semblait à Petit Joseph qu'on chargeait abusivement les jeunes consciences d'allusions aux péchés, graves et véniels, consignés dans les Dix Commandements que Dieu avait offerts à Moïse. En l'absence de journaux et de radio, le garçon en mal de lecture dénicha dans le tiroir du buffet un ouvrage jauni, fleurant l'encre. C'était le catéchisme de la mère, dans lequel elle avait, toute jeune, appris à lire, et qui lui servait de référence quand il fallait trouver une solution à un litige.

Mais ses compétences en décryptage se révélèrent insuffisantes pour tirer profit d'une telle lecture. La mère refusa de l'aider, sous prétexte qu'elle manquait de temps ; il lui en tint secrètement rigueur, car il cherchait simplement à s'informer dans un domaine qu'il savait cher à ses parents. Comme l'idée de péché était devenue sa hantise, il voulait s'assurer par lui-même de ce qui était interdit ou exigé dans le Décalogue.

L'apprenti lecteur s'attela courageusement à cette tâche, en associant voyelles et consonnes. Il capta intuitivement du sens, en partant des mots déjà rencontrés : « Tu honoreras ton père et ta mère, et tu ne mentiras pas. » Il était assis tranquillement sur son lit, à feuilleter le catéchisme, quand la mère parut.

– Pas plus qu'une chambre à coucher n'est un lieu indiqué pour apprendre à lire, le catéchisme n'est un abécédaire pour les premières classes. Il ne faut pas prendre à la légère les choses qui concernent l'Église !

Surpris, il passa outre les remarques acerbes et trouva le moyen de continuer sa lecture en douce. Ce fut sa première victoire incontestable, une sorte de revanche sur le quotidien.

La brave sœur de la salle d'asile ne reconnaissait plus son Petit Joseph, bout de chou nerveux et agité, devenu plus calme et sûr de lui. Elle eut l'explication, quand elle le surprit à déchiffrer sans ânonner les sous-titres des gravures décorant les murs. Pour vérifier que ce n'était pas du simple par-cœur, elle lui mit sous les yeux le livre de lecture du cours préparatoire des filles et dut reconnaître que Joseph savait lire.

Le curé, la sœur, les parents avaient compris que Joseph perdait son temps : il savait qu'il fallait ne pas bouger, garder le silence, bras croisés, assis des heures sur un banc, à côté de camarades serrés comme des volailles sur un perchoir. Mais ils n'osèrent rien décider car certains auraient mal apprécié la montée de classe d'un enfant de la cité ouvrière.

En quête de certitudes

La liturgie de la Semaine sainte de 1935, avec son emphase dramatique, opéra chez le garçon une conversion étonnante et soudaine. Il se rendit compte que l'histoire de Jésus était vraie, puisque les versions du curé, des sœurs, de l'abbé et de la mère concordaient sur l'essentiel. Petit Joseph y adhérait de toute son âme mais, pour lui, le miracle se situait ailleurs.

Il réfléchissait à l'énigme du voyage du bourdon, cette énorme cloche dont il se rappelait le baptême en fanfare. On lui avait fait comprendre que la cloche était fort capricieuse : chaque année, le jour du Jeudi saint, elle décidait de rester silencieuse – en réalité, émue par ce qui était arrivé à Jésus, elle s'échappait vers Rome, pour y participer aux cérémonies de la Passion et revenir dans la nuit du Samedi saint. Le récit fait par la mère et des voisins de bonne foi lui parut plausible. Joseph se posta donc dans le jardin pour observer cet événement.

Certes, la cloche resta muette, mais elle n'avait pas l'air de vouloir voyager : Petit Joseph dut se contenter de plusieurs envols de pigeons qui avaient élu domicile sous la toiture de l'église. La déconvenue ne l'empêcha pas d'attendre le retour du bourdon à la fenêtre de sa chambre, la nuit du Samedi saint. Le ciel était privé d'étoiles et, à force de scruter l'obscurité, il finit par tomber dans les bras de Morphée. Il se réveilla brutalement, quand la cloche fit savoir qu'elle avait repris place, à coup de bruyantes volées. Un doute s'installa dans la tête du garçon. Avait-elle réellement entrepris le long voyage de Rome ? Ou n'était-ce qu'une belle histoire pour faire rêver les tout-petits ? Le mystère resta entier, pour quelque temps encore.

De même, l'histoire du lièvre de Pâques fit enrager Petit Joseph. Il avait confectionné un bon nid de foin, camouflé au pied d'un gros plant de chou, dans lequel la bête déposerait, si elle jugeait irréprochable la conduite du garçon, l'agneau pascal biscuité avec l'oriflamme bicolore et des œufs parfumés à l'anis. De plus instruits que lui, dignes de confiance, lui avaient assuré que ledit lièvre se laissait exceptionnellement attraper à Pâques, si on se donnait la peine de l'attendre patiemment et de saupoudrer sa queue de gros sel. Avant d'aller à la grand-messe, un cousin plus âgé, intellectuellement plus avancé puisqu'il habitait la ville, installa Petit Joseph derrière un framboisier, lui glissant dans la main une poignée de gros sel avec la consigne stricte d'attendre que le bourdon retentisse dans le clocher, et surtout de ne pas manquer la queue de l'animal.

Sûr de son affaire, Petit Joseph attendit patiemment, le cœur battant, figé sur place pour éviter de donner l'éveil. Du lièvre, il n'y eut trace, au grand désespoir du garçon qui sentit douloureusement avoir été floué en faisant confiance aux dires de ses proches. Pris d'une rage épique d'enfant meurtri, il balança dans les choux le sel qui n'avait pas fondu dans sa main, et courut dans la cuisine se plaindre de la mauvaise foi des grands, qui ne trouvaient rien de mieux que de se moquer des petits. On réconforta Petit Joseph en lui promettant de parler à l'animal en sa faveur.

– Mais, comme tu t'es mis en colère, cela a fait fuir le lièvre : il sera donc sûrement en retard. Mange tranquillement, calme-toi et il y a de fortes chances qu'il ne t'ait pas oublié...

Joseph dut reconnaître avoir fait preuve d'impatience et, plus grave, avoir lamentablement manqué le passage du lièvre. Il s'excusa, et on ne lui tint pas grief de son emportement. Le nid fut garni, et la foi dans le lièvre demeura intacte.

Cette année-là, le repas de Pâques fut gargantuesque : trois plats, fromage et dessert, arrosés de vin blanc et rouge produit dans la plaine. On débuta avec le pot-au-feu, salades de saison variées, avec une petite louche de raifort. Suivit la traditionnelle croûte, bouchée à la reine noyée dans une béchamel aux dés de veau et de poulet, sans oublier les champignons. Le plat de résistance était toujours le même : un rôti de premier choix, accompagné de ses légumes. Après le fromage, vint l'île flottante avec son blanc d'œuf fouetté en forme d'iceberg. Ce fut un régal mémorable, pour ces estomacs habitués à se contenter de pommes de terre, de lait, de pain et de légumes. Le reste de l'année, on faisait maigre le vendredi, avec de la viande uniquement le dimanche.

Au cours du banquet, les langues se délièrent peu à peu, on trouva le repas excellent et on félicita la cuisinière. Plus tout à fait sobres, les convives décrétèrent que l'exécrable piquette qui leur était servie valait largement la production des meilleurs vignobles des collines vosgiennes.

Le festin prit fin autour de cinq heures de l'après-midi, avec, pour les adultes, la traditionnelle rasade de schnaps, dont on se servit sans retenue après avoir humé les effluves alcoolisés qui s'échappaient des goulots. Une maison respectable devait nécessairement en offrir plusieurs sortes. Le père, qui buvait peu, avait donc fait la tournée des bouilleurs de cru locaux, et présenta à ses invités un choix des meilleurs crus : mirabelle, quetsche, cerise noire, coing et framboise.

Le résultat ne se fit guère attendre : la tablée, soudain, devint très bruyante. Des chansons – les unes plutôt coquines, rapportées du service militaire, d'autres plus nostalgiques, en dialecte ou en allemand – emplirent le salon de chamarrures polyphoniques. Un silence étonnant succéda à la débauche vocale, quand un oncle passablement aviné lança une discussion byzantine :

– Quel rang Pâques occupe-t-elle dans la hiérarchie liturgique catholique ?

Le premier, répondit-on à l'unanimité, sans doute parce que c'était la fête du renouveau printanier et qu'à cette date importante de l'année, on avait l'habitude de se retrouver en famille pour festoyer.

Petit Joseph protesta avec véhémence, en arguant devant tous que c'était Noël, la fête de la naissance de Jésus, la fête des enfants, qui décidait de tout, puisqu'il fallait naître pour vivre, grandir et mourir. Les convives s'étaient tus. On signifia à Joseph qu'il n'avait pas à se poser ce type de questions, qu'il était trop jeune pour évoquer ces problèmes et que sans doute, quand il aurait grandi et réfléchi, il trouverait la réponse qui convenait.

Pendant la vaisselle, la tante se demanda comment, revêtu des habits sacerdotaux, le curé parvenait à imposer sa volonté à la vaste assemblée des fidèles, femmes, grandes filles, grands-mères à gauche, hommes, jeunes gens, vieillards à droite, en les invitant à se lever, à s'agenouiller ou à s'asseoir en fonction du déroulement de l'office. La mère expliqua, en s'adressant surtout à Joseph, que l'officiant, abbé ou curé, moine ou évêque, représentait Dieu pendant le temps que durait l'office, qu'il avait fait de longues études et s'était engagé au célibat pour se rendre digne de la plus belle tâche sur terre : le service de Dieu. Et Joseph se mit à rêver, s'imaginant qu'il pourrait lui aussi obtenir, sans élever la voix, ou d'un simple geste de la main, ce fameux consensus populaire, qui semblait être le privilège de ceux qui géraient les âmes.

Incorrigible bavard, Petit Joseph fut déclaré persona non grata par l'abbé, qui se vit obligé, pour éviter tout débordement chez les petits, de lui tirer les oreilles à plusieurs reprises devant toute la paroisse réunie, à la honte de ses parents, parce qu'il ne pouvait s'empêcher de faire des commentaires à propos de tout ce qui lui passait par la tête.

– Tu seras privé d'église, tu ne feras pas ta première communion et tu seras le seul à en être privé. Tu devrais avoir honte, et d'ailleurs tu nous fais honte !

Ces propos revenaient sans cesse, à tel point que le père, pris de pitié pour lui, se déclara prêt à le garder à ses côtés dans la rangée réservée aux hommes. On lui recommanda de faire ses prières, de ne pas se retourner pour épier ce qui se passait derrière lui, d'éviter surtout de faire des signes ostensibles aux personnes qu'il reconnaissait. Il se comportait à la perfection, gardait ses petites mains jointes en posture de prière, se levait, s'agenouillait, s'asseyait quand il le fallait. Il se contentait d'admirer les souliers vernis que la mère lui avait achetés et d'effleurer le plus discrètement possible le tissu satiné de son costume marin confectionné par la tante couturière. Quelle chance d'être l'aîné, de toucher un équipement neuf dès qu'une culotte refusait ses formes plus rebondies, qu'une blouse était râpée aux coudes et aux manches, ou que ses souliers éculés offraient une triste apparence ! Les plus jeunes se voyaient contraints de s'affubler d'épaves, sous prétexte qu'à la maison tout pouvait se porter, pourvu que ce ne fût pas vu du voisinage.

Petit Joseph ne pouvait accompagner sa mère aux vêpres du dimanche après-midi, fréquentées pour l'essentiel par les femmes, que paré de ses plus beaux atours. La dévotion à Marie était sincère, mais ce qui attirait les paroissiennes, c'était de se savoir entre elles, de chanter à gorge déployée en latin, sans risque de se faire tancer pour d'involontaires fausses notes que le Bon Dieu pardonnait, de changer d'air et se donner un peu de répit, la cuisine nettoyée et la vaisselle rangée dans le buffet, en appréciant l'accompagnement de l'orgue. Sa mère chantait sans rien comprendre, peut-être pour le seul plaisir d'exercer ses cordes vocales.

Le cas de Marie, la Sainte Vierge, Mère du Dieu Jésus, lui posait problème. On avait essayé de lui faire comprendre que Marie avait enfanté sans son mari charpentier, suite à l'intervention du Saint Esprit, mais il ne pouvait comprendre ce qu'était l'Immaculée Conception. On lui avait dit qu'une vierge était une femme qui n'avait pas pu ou voulu avoir d'enfant, comme Jeanne d'Arc, dont il fut question en classe d'histoire, et qui n'avait pas le temps d'élever des enfants parce qu'elle était occupée à commander des hommes. Il fallait, une fois pour toutes, savoir si Marie était mère ou vierge : on ne pouvait pas être les deux en même temps.

Si la mère, vouant un réel culte à Marie, n'avait pas insinué dans une conversation avec l'abbé, venu en visite pastorale, que la femme pouvait devenir Ève, hantée par Lucifer porteur de lumière, Petit Joseph aurait accepté plus facilement l'histoire de l'Immaculée Conception. Partant de là, elle conclut avec une détermination farouche que toutes les filles étaient des êtres malfaisants, avec lesquelles les garçons respectables devaient éviter le contact, pour ne pas succomber à la tentation, qui conduisait à l'éternelle condamnation et au feu de l'Enfer. N'étaient exemptes de tout reproche, à ses yeux, que la Sainte Vierge et chaque mère de famille ayant conçu selon la loi de l'Église et du mariage religieux.

Petit Joseph en avait assez d'entendre « Monsieur le curé a dit... » ou « As-tu fait tes prières ? » Il acceptait de plus en plus mal la soumission familiale à l'égide dictatoriale de l'Église, qui étouffait toute réaction devant les injustices criantes, et le manque d'ouverture sur des perspectives culturelles autres que celles des revues paroissiales. Il lui arrivait parfois, rendant visite au voisin, de déchiffrer des articles de la presse locale ou d'écouter à la radio des refrains en tous points différents de la musique entendue aux offices. Chez lui, il avait l'impression de vivre hors du temps, de devoir accepter une existence médiocre, contre la promesse d'une admission au Paradis conforme aux engagements du curé, qui incitait les pauvres à la patience : « Il sera plus difficile au riche d'entrer au Ciel qu'à un chameau de passer à travers le chas d'une aiguille. » Mais, en attendant, personne ne le libérait des astreintes ayant pour nom tâches ménagères, surveillance de ses frères, services rendus à la famille...

N'ayant pas l'habitude de se plaindre, Petit Joseph acceptait la fadeur, la monotonie et la désespérance comme un destin, consigné sur les tablettes tenues par la Providence. Tout en appréciant le rythme humble des fêtes liturgiques, il devinait qu'il ne pourrait se contenter de cette existence ponctuée inlassablement, nuit et jour, par le carillon du clocher. Il lui fallait se préparer à travailler d'arrache-pied, pour accéder à une situation sociale plus gratifiante que celles du père et des grands-pères.

Petit Joseph était extrêmement sensible aux événements, heureux ou malheureux, qui concernaient les enfants de son âge. Il savait qu'après la grand-messe du dimanche, le tintement de la clochette annonçait un baptême, mais il n'ignorait pas que le même carillon, à d'autres moments, convoyait un jeune cadavre à sa toute dernière demeure – qui pouvait être le carré anonyme, une espèce de fosse, si le petit défunt avait la malchance de n'être pas baptisé, ou l'espace réservé aux petits baptisés, à proximité des tombes d'adultes. Tout en éprouvant une réelle aversion pour ceux et celles qui acceptaient qu'une pareille injustice fût faite à un tout petit être, à qui on ne pouvait imputer l'erreur de n'être pas baptisé, le garçon se sentait égoïstement rassuré: s'il décédait, il entrerait au Paradis des enfants et siégerait au côté du Bon Jésus, puisque ses parents avaient pris les devants, en le présentant à la cérémonie du baptême.

Péché, mort et résurrection

Petit Joseph entrait dans sa sixième année. Dans toutes les familles, on se préparait à la célébration de la Semaine sainte, malgré les perturbations politiques provoquées par l'arrivée au pouvoir du Front populaire, communément appelé dans le village le « parti rouge ». La fuite des capitaux provoquait une inquiétante vague de chômage ; de dangereuses menaces de revanche et d'affrontement armé, de la part des voisins d'outre-Rhin, laissaient prévoir le pire. Mais le garçon s'y intéressait fort peu : il était tenu en haleine par sa montée prochaine dans l'école des grands, l'adieu définitif à la salle d'asile, à ses petits camarades et surtout à l'accorte jeune sœur qui s'était évertuée à rendre son passage le moins ennuyeux possible.

Sa joie fut assombrie par une sourde douleur qui envahit son bas-ventre, avec des poussées spasmodiques très pénibles. La mère apprit par le petit frère que Joseph, malgré son interdiction, avait joué au football avec des grands du quartier et qu'il y avait reçu un coup de pied involontaire d'un grand dans le ventre. Ce coup l'avait fait plier en deux, mais il avait promis de n'en parler à personne. Elle déclara tout de go que le Bon Dieu l'avait puni, et qu'il devait assumer les conséquences de son indiscipline.

Dans la famille, il était interdit de tomber malade, a fortiori de se faire hospitaliser : qui aurait pu honorer les frais médicaux ? D'ailleurs, l'unique médecin du district, qui avait sa pratique dans un village voisin, à proximité de la pharmacie, ne se déplaçait que pour les cas les plus urgents, comme les accidents survenus dans le monde paysan. En 1936, on s'occupait moins des ouvriers du village, qui pour la plupart étaient insolvables.

Puisque Petit Joseph avait enfreint le code de bonne conduite en désobéissant, la mère ne jugea pas utile d'appeler au secours une des quatre sœurs gardes-malades bénévoles, déléguées par le couvent au service de la population locale. Celles-ci ne disposaient certes pas d'une formation de médecin, mais il leur arrivait de faire des miracles. Elles avaient érigé en principe qu'il fallait traiter non seulement le corps, mais aussi le mental : toute maladie était à leurs yeux un déséquilibre de l'organisme, aux antipodes de l'idée, alors largement répandue dans les milieux chrétiens, qu'elle était la sanction d'une vie dissolue ou un châtiment du Ciel.

Petit Joseph, conscient qu'il fallait expier sa faute, souffrit en silence. Mais il refusa bientôt toute nourriture, par peur de vomir, et ne pouvait s'empêcher de se plier en deux, tant le mal devenait intolérable. La mère se mit en colère, appela sur le garçon la malédiction du Ciel, et l'envoya se coucher. Elle appliqua sur la partie endolorie du ventre un pavé chaud, ce qui ne fit qu'intensifier la douleur. Prise de court, elle tenta un vague remède qu'elle tenait de sa mère, consistant à étendre sur le ventre un bout d'étoffe trempé dans de l'eau bouillante. Elle lui fit ingurgiter une camomille artisanale, aux vertus apaisantes, et lui glissa à grand-peine dans la bouche un morceau de sucre imbibé de schnaps et une gorgée de lait de chèvre chaud. Tout cela ressortit par où c'était entré, maculant la couverture et les draps. Comme aucune amélioration n'était perceptible, la mère fut prise de panique.

Soudain, dans l'après-midi du Jeudi saint, Petit Joseph ressentit un semblant de délivrance, un indéfinissable bien-être qui éloigna de son corps, saturé de souffrance, la mémoire du mal. Il plongea dans une sorte de coma, d'où il percevait, comme à travers une épaisse couche de coton, ce qu'on disait autour de lui, mais sans pouvoir intervenir: ses réponses restaient quelque part au fond de son cerveau. La sœur garde-malade appelée à la rescousse, impuissante elle aussi, conseilla à la mère hagarde de demander au seul agriculteur disposant d'une voiture de transporter l'enfant à l'hôpital cantonal de la ville.

Trop fière pour verser une larme devant le brave chauffeur, mais regrettant sans doute d'avoir tardé à demander de l'aide, la mère, installée sur la banquette arrière de la Traction avant, cala délicatement la tête du petit mourant sur ses genoux. À chaque secousse, elle le suppliait:

– Ne meurs pas, mon petit ! Dans quelques minutes, on sera à l'hôpital, où on te fera guérir...

Aux urgences, il n'y avait pas de médecin de service, car c'était le long week-end pascal. Il fallut donc s'adresser au médecin généraliste qui connaissait le père pour l'avoir jadis soigné, quand il souffrait de sévères pneumonies aux premiers frimas. Petit Joseph sentit une main experte effleurer son ventre en feu et sa cage thoracique, qui n'était plus que peau et os tant la dénutrition et la déshydratation étaient avancées. Il tenta de capter les conciliabules du médecin avec le personnel du bloc opératoire, où il était question de péritonite aiguë.

En dépit de la gravité de son état, on gardait l'espoir de voir le garçon émerger du silence: son cœur battait régulièrement et sa respiration ne s'était pas affolée. Mais, à l'instant où le médecin demanda qu'on aspirât le pus qui giclait de la plaie, le patient perdit le contact avec le monde des vivants. Avant de sombrer, il perçut, noyée dans les vapeurs d'éther, comme une odeur de beurre rance. Quand il fut revenu à lui, la sœur garde-malade lui expliqua que c'était l'extrême-onction, traditionnellement apportée au mourant par l'aumônier de l'hôpital, en cas d'intervention chirurgicale délicate, ayant peu de chance de réussir. Les sœurs infirmières, unanimes, affirmaient que le

Saint Chrême fortifiait non seulement l'âme, mais aussi le corps, et qu'il faisait parfois des miracles dans des situations jugées désespérées.

Après deux jours de coma, il reprit conscience le jour de Pâques, aux environs de midi, émergeant d'une atmosphère brumeuse et d'un gris laiteux. Avant que le voile se déchirât, il perçut des voix familières et la silhouette d'une jolie jeune femme inconnue, qu'entouraient ses parents. C'était l'institutrice qui, à la rentrée de septembre, devait prendre en charge la classe des tout-petits, et qui avait tenu à venir l'encourager à guérir. Elle sortit de son sac un très beau ballon multicolore, convaincue que c'était le cadeau qui convenait à un garçon. Petit Joseph répondit par un léger sourire qui réconforta la jeune institutrice : bien que muet, ce signe de gratitude indiquait que la vie reprenait son cours. Dès que la jeune femme eut le dos tourné, la mère grimaça, esquissa un geste saccadé de désapprobation, et grommela que ce cadeau était empoisonné, puisque c'était à cause d'un ballon qu'on se retrouvait ici.

Petit Joseph, juste sorti de son nirvana, entendit à proximité de son lit un gémissement plaintif et vit passer une apparition fantomatique blanche. Il comprit alors qu'il n'était pas chez lui. Quelques rapides coups d'œil lui firent découvrir des alignements de lits dans lesquels remuaient des corps douloureux. Face à lui, sur le mur blanchi à la chaux, il devinait les branches d'un crucifix qui réussit à apaiser son anxiété devant l'inconnu. Il était encore gêné par cette poire métallique qu'il découvrit piquée dans sa cuisse droite et reliée par un tuyau à une boule en verre remplie d'un liquide incolore. C'était cette transfusion qui lui avait sauvé la vie et immobilisait maintenant sa jambe engourdie.

Avec le retour à la vie se réveillait également la douleur. Une sorte de décharge électrique parcourut le corps torturé du garçon, taraudé par une soif brûlante. Il supplia qu'on lui donnât de l'eau pour éteindre ce feu intérieur qui le consumait. Une sœur apporta une boisson inconnue, couleur acajou, dont elle lui humecta les lèvres, à l'image du soldat qui avait porté à Jésus sur la Croix une éponge imbibée de vinaigre. Dans l'état où se trouvait Petit Joseph, boire aurait causé de graves problèmes, et peut-être la mort. Ignorant ce risque, il tenta dans la pénombre, après extinction des lumières, de saisir le verre ; mais, à bout de forces, il en renversa le contenu sur son unique chemise de nuit. Le personnel, au matin, assumant courageusement la gravité de ses responsabilités, décida de se taire, et de faire disparaître les dégâts avant le passage de la commission médicale. Le verre empli de thé de Chine froid resta sur la table de nuit ; malgré la torture de la soif, Joseph se fit un devoir de ne plus y toucher, se contentant de trois cuillerées de liquide toutes les trois heures...

Après avoir vu ce corps inerte, secoué de temps en temps par des mouvements anarchiques accompagnés de sourds borborygmes, revenir à la vie le jour de la Résurrection, la sœur garde-malade chargée de surveiller Joseph parla de miracle. Dans la salle commune, pleine d'une centaine de malades, on appelait Joseph le petit ressuscité de Pâques. La sœur susurrait aux oreilles de l'aumônier que le petit avait toutes les qualités pour faire un prêtre, si telle était la volonté du Bon Dieu. Le curé du village en entendit parler, et alerta les parents incrédules.

On expliqua à Petit Joseph que, s'il était sur ce lit d'hôpital, c'était par la volonté du Bon Dieu, lequel avait permis que Son propre Fils fût crucifié – et on pouvait s'imaginer les souffrances que Jésus avait endurées. En courageux petit chrétien, il se devait donc d'offrir lui aussi sa souffrance pour la rédemption de l'humanité pécheresse.

La douleur, la solitude, l'absence de ses parents, l'inconfortable sentiment de culpabilité alors qu'il ne comprenait toujours pas en quoi il avait fauté, le fait de devoir supporter l'injustice d'un châtiment inqualifiable, puisque la mère avait failli le laisser mourir : Petit Joseph ressentit tout cela comme une épreuve envoyée par le Ciel, qui mit fin à son enfance. Il allait prouver à tous combien il savait souffrir en silence !

Croulant sous les compliments, il ne put que se montrer stoïque quand, matin et soir, l'équipe de soignants passait pour renouveler le « pansement », une toile de sparadrap collée à même la blessure, qu'il fallait arracher d'un coup sec de la plaie béante aux bords boursouflés de chair vive violacée, aussitôt recouverte de sanies purulentes sortant des entrailles déchirées. On épongeait avec des charpies stérilisées, puis on saupoudrait le tout avec du soufre pur, pour hâter la cautérisation. Ce martyre durait un quart d'heure, mais c'était pour Petit Joseph une éternité.

Il resta trois semaines à l'hôpital, pleurant souvent sans raison, avant que les médecins se rendent compte que, si le malade ne guérissait pas, c'était sans doute parce qu'il avait le mal du pays et qu'il craignait que ses parents ne l'abandonnent. Ils décidèrent donc de renvoyer Petit Joseph chez lui, où il rentra dans la même voiture qui l'avait amené. Chancelant, le brave chauffeur le porta dans ses bras au premier étage, et on le coucha sur le lit des parents.

Sa convalescence à la maison dura un mois, les sœurs gardes-malades se relayant pour lui prodiguer, avec un dévouement et une compétence remarquables, des soins qui finirent – la vaseline et la gaze hydrophile ayant remplacé sparadrap et soufre – par venir à bout de l'infection. Petit Joseph ne connaissait pas l'oisiveté ; jamais il n'aurait pensé passer son temps, cloué sur un lit, à ne rien faire sinon jeter un coup d'œil sur ce que faisaient ses frères, quand la mère devait sortir aux courses. Mais, curieusement, il ne regrettait pas du tout d'être exempté des corvées traditionnelles qui lui revenaient de droit : garderie, commissions ou ramassage des crottins et bouses dans la rue, pour enrichir la fosse à fumier de lapin de l'oncle célibataire.

Petit Joseph ne savait plus comment tuer le temps, confiné comme il l'était dans la solitude de la chambre des enfants, austère, sombre et encombrée de trois lits. Durant la journée, il ne voyait que sa mère et la sœur garde-malade qui renouvelait son pansement. Du froid et humide espace qui séparait sa fenêtre de l'étable voisine, lui parvenaient les rumeurs des bêtes et les odeurs de lisier. Il acceptait néanmoins cette réclusion dans une cellule étroite comme un châtiment pour avoir causé soucis et dépenses inutiles à ses parents, et comme une expiation lui permettant de se mettre en règle avec le Ciel.

Par beau temps, il lui arrivait de clopiner au soleil, comme un vieillard perclus de rhumatismes. Il craignait en permanence que la grosse cicatrice ne s'ouvrît, tant la peau du ventre était tendue. Si jamais ce malheur devait arriver, il préférait mourir plutôt que de retourner à l'hôpital subir à nouveau une si pénible épreuve.

La convalescence prit fin prématurément, à la suite d'un incident. Joseph reçut la visite de deux petites voisines, qui lui apportèrent quelques livres de lecture empruntés à la bibliothèque de la classe. Décidé à leur montrer qu'il était en voie de guérison et qu'il gardait, malgré l'interdit maternel, des compétences de footballeur, et voulant aussi montrer qu'il était dans les bonnes grâces de l'institutrice, qui lui avait fait cadeau du plus beau ballon qu'il eût jamais vu, mais oublieux du danger qui pourrait résulter d'un mouvement trop brusque du bas-ventre, il posa ledit ballon à un bout du couloir, prit son élan et shoota de toutes ses forces. À l'autre extrémité du couloir, une vitre vola en éclats. Buteur et spectatrices se figèrent en silence, comme frappés par la foudre.

Une des deux fillettes appela la mère, qui cherchait des légumes dans le jardin pour la soupe maigre du vendredi. Essoufflée, le visage en colère, elle vint constater les dégâts. Une sanction s'imposait, et Petit Joseph attendait stoïquement le verdict. Son amour-propre redoutait surtout de perdre l'estime des petites filles, saisies de terreur devant la violence des cris. La mère n'en eut cure: elle détacha la ceinture d'un pantalon du père, avec laquelle elle punit les pauvres fesses du garçon, marri d'avoir gâché les premières retrouvailles avec ses camarades, qui repartirent tête basse, comme si elles étaient à l'origine du fâcheux incident.

– Espèce de fainéant ! Pique-assiette, non seulement tu trouves moyen de désobéir, mais tu casses des vitres... La réparation va nous coûter les yeux de la tête, alors que le budget familial est déjà des plus serré ! Il va falloir vider ta tirelire, qui d'ailleurs est déjà à sec, puisqu'il a fallu payer les factures urgentes avec, il y a quelques mois...

Il arrivait parfois à la mère, quand elle était surmenée, de devenir inhumaine. S'il allait de soi que, dans des conditions normales, le coupable réparât les dégâts, on ne pouvait pas décemment demander à Petit Joseph, vu son état, de se baisser pour ramasser les débris de verre avec la balayette et la pelle. Mais la mère l'y força. Le père porta la fenêtre chez le vitrier, et le soir tout était en ordre. Pendant quelques jours, on ne se parla plus. Il ne resta au fond du cœur de Petit Joseph qu'une blessure qui, contrairement à celle de son bas-ventre, ne guérirait sans doute pas.

L'école de la République

Le moment de l'émancipation tant attendue, la rentrée à l'école des grands, eut lieu début septembre 1936. La mère, très sourcilleuse quant à sa réputation de gestionnaire honnête et efficace, avait tenu à s'aligner sur les familles les plus aisées, pour les vêtements et les équipements scolaires. Cette décision inattendue combla le garçon, qui put soudain tenir son rang sans complexe, sa timidité et son sentiment d'infériorité se muant tout à coup en assurance. Habillé avec goût, bardé de connaissances, il était prêt à affronter avec détermination les embûches du monde.

Sa tante couturière lui avait confectionné un trousseau à la hauteur de l'événement: le sarrau couleur azur, avec des boutons dorés, ne passait pas inaperçu ! Au lieu des sabots traditionnels, Petit Joseph eut droit à une paire de galoches qui écorchaient moins les chevilles. Sur son sac en cuir véritable, dans lequel il avait rangé depuis belle lurette, de peur de les oublier, plumes, ardoise et crayons, se détachaient une fringante jument polychrome et son poulain cabriolant de bonheur.

La première rentrée dans la cour sauvage des grands fut vécue comme une révélation par le Petit Joseph qui regretta aussitôt l'école des filles. Jamais il n'aurait imaginé une si vaste cour grouillant de monde qui se bousculait sans ménagement, semblant prendre du plaisir à se lutiner et à se battre. Qu'ils étaient sans cervelle ceux, grands et moins grands, qui s'éclaboussaient de leurs gros sabots dans les flaques noirâtres datant des derniers orages ! S'il avait osé et si on l'avait accepté, il se serait volontiers joint aux plus calmes et aux plus raisonnables qui s'étaient réservé des coins tranquilles pour entamer la première partie de billes de l'année.

Joseph était déçu : il aurait souhaité que l'accueil des nouveaux fût plus cordial. Les copains de la salle d'asile, qu'aucun parent n'accompagnait, s'étaient agglutinés à différents groupes, constitués des grands frères et des anciens du quartier. De peur d'être pris dans une bousculade susceptible de réveiller sa blessure au ventre, qui continuait à suinter par les bords, Joseph se tenait à l'écart.

Quelques anciens, qui s'imaginaient que le pauvre garçon « jouait au fier », l'abreuvèrent d'une bordée de quolibets qui firent voler en éclats sa noble détermination : on l'appelait « poule mouillée » et « boniche », comme si c'était un déshonneur d'être astreint à garder ses petits frères, pendant que les autres enfants dilapidaient leur temps libre dans la rue. Deux ou trois élèves du cours de fin d'études, qu'il ne connaissait pas, allèrent jusqu'à le traiter de « bohémien », parce qu'il habitait la cité ouvrière et que son père travaillait à la fabrique.

Petit Joseph estima donc ne pouvoir compter que sur l'appui de la jeune institutrice qui lui avait apporté le beau ballon. Il résolut de ne pas lui avouer que ce cadeau était en lambeaux, pour éviter de lui faire de la peine. Mais la tradition était de confier les débutants au dernier ou à la dernière arrivée : aussi, quand les nouveaux, les derniers à être appelés, se rendirent compte que la jolie enseignante montait avec la deuxième classe, il souffla dans les rangs comme un vent de panique. La déception se lisait sur tous les visages ; Petit Joseph, sans doute le premier intéressé, était atterré.

La décision avait été prise par le directeur. Petit de taille, moustache à la prussienne, l'œil noir, la joue gauche parcourue d'un tic sévère, celui-ci avait le plus grand mal à contenir son ventre passablement garni et convexe dans un gilet, du gousset duquel il tirait un oignon, pendu à la boutonnière par une belle chaînette en or. De toute évidence, il n'était pas l'homme de l'à-peu-près ; il exigeait le plus strict respect des horaires, et la discipline était son mot d'ordre, avec lequel on ne plaisantait pas.

Nul besoin de sonnerie : il avait suffi que le directeur frappe un coup dans ses mains pour que tout le monde se range sagement en silence, y compris les fiers-à-bras de la classe de fin d'études qui, quelques minutes auparavant, forçaient les petits au respect en leur faisant comprendre qu'ils étaient introduits dans les secrets de la maison, et qu'on leur devait entière obéissance. Sous les yeux médusés des nouveaux, intimidés, maladroits et serrés les uns contre les autres, les grands malabars perdirent soudain de leur superbe, et se rangèrent en silence, dociles.

– Allons, mettez-vous en rang, dit la jeune et avenante institutrice, d'une voix fluette et peu assurée, aussi intimidée que les vingt-huit garçons de la classe 1930, auxquels on avait ajouté cinq redoublants, dont trois faisaient deux têtes de plus que les autres.

Puis elle les précéda dans un local clair, au plafond haut, aux dimensions importantes et aux murs couverts d'une collection de scènes bibliques et profanes. Dans le coin droit, à côté des deux tableaux noirs fraîchement repeints, se dressait le vieux boulier, sur lequel s'étaient escrimées des générations d'élèves. Collé au mur, trônait le poêle ventru en fonte avec, à ses pieds, la grosse caisse remplie de bois. Les plus malins se précipitèrent sur les places proches du fourneau, plus chaudes en hiver. La plus inquiétante nouveauté, pour tous ceux qui n'avaient jamais tenu une plume en main, fut la découverte des encriers en porcelaine, remplis d'encre bleue.

On mit du temps à prendre possession des lieux, et à s'installer en silence, les bras croisés. La jeune maîtresse s'évertua à exposer les consignes que chacun devait respecter dans l'intérêt général. Mais la classe ne fit pas grand cas de ces recommandations : l'imagination des enfants, attirée par les estampes de facture maladroite disséminées aux quatre murs, errait allègrement d'Adam et Ève à Vercingétorix, de saint Louis à Salomon, de Jeanne d'Arc à Du Guesclin...

Petit Joseph n'arrivait pas à trouver une position confortable sur le banc, tant il avait peur que son bas-ventre n'éclate. Gesticulant, il se fit remarquer par la maîtresse, qui eut l'intuition de le charger de la distribution des livres, pour lui permettre de se dégourdir les jambes. Chaque élève reçut son premier manuel de lecture : une cinquantaine de pages petit format, illustrées de dessins polychromes. Joseph le trouva beaucoup trop sommaire. Quant au livre de calcul, épais et solidement broché, les élèves le traitaient avec respect, parce qu'il contenait des leçons et des exercices d'application autour des quatre opérations : cet entraînement devait leur éviter l'humiliant passage au boulier.

Dès la récréation de dix heures, une séparation claire opposait déjà ceux qui étaient venus pour apprendre et ceux pour qui l'école n'était qu'un passe-temps obligatoire, en attendant de conduire un attelage, de vendre des denrées d'épicerie, d'exercer dans un bureau ses talents calligraphiques ou de surveiller un métier à tisser.

Une minorité d'esprits éclairés auraient souhaité l'introduction de la mixité dans cette école villageoise, pour éviter que les classes ne basculent tout à fait dans l'indiscipline, la turbulence et l'absentéisme. Mais cette suggestion provoqua une levée de boucliers, notamment dans les rangs des instituteurs, soucieux de préserver un ensemble d'habitudes bien ancrées dans les mentalités : introduire un changement aussi radical dans le système scolaire, qui fonctionnait somme toute correctement, aurait représenté une menace susceptible d'écorner l'autorité de celles et ceux qui s'étaient donné pour tâche de régenter la société villageoise.

Dans la classe de Monsieur le directeur, on ne plaisantait pas ; sa réputation de sévérité se transmettait de génération en génération. Mais il était également de notoriété publique qu'il avait ses préférés : ceux qui faisaient partie de sa chorale n'avaient rien à craindre, ni ceux dont les parents, paysans aisés et notabilités du village, avaient l'habitude et le privilège de garnir son garde-manger.

Tous les autres devaient éviter tout accroc à la discipline, s'ils ne tenaient pas à ce que le directeur les soulève en l'air par les oreilles ou les joues, leur administre quelques coups de coudriers sur les doigts ou les fesses. Une fois accompli ce travail de redressement des torts, le maître, tout rouge, lissait sa moustache avec des hochements de tête et des mimiques clownesques, ajustait son gilet, consultait sa montre puis reprenait, imperturbable, sa déambulation entre les rangées de pupitres.

Deux grands tas de bois encombraient la cour exiguë, empêchant les turbulents de s'égailler. La tradition, comme les nouveaux l'apprirent bien vite, voulait que tous les élèves fussent mobilisés, un après-midi de septembre, pour faire disparaître ces monceaux de bûches dans le grenier de l'école. À cet effet, le corps enseignant mettait en place une noria humaine, avec sur chaque palier des postes de contrôle constitués par les adjoints, chargés de réguler les flux. En bout de chaîne, au grenier, le directeur supervisait le stockage.

Les plus costauds, parmi les petits qui avaient l'habitude des rudes travaux de la ferme, se firent fort, pour épater les professeurs tout en rivalisant avec les moyens, d'entasser du bois jusqu'au menton. L'enthousiasme des jeunes compensait ainsi, chaque année, le manque d'ardeur des grands, qui prenaient leur temps, prétextant des douleurs variées pour manquer des tours et s'enfermant dans les urinoirs pour disparaître de la circulation.

Après trois heures d'intense travail, les deux énormes tas de bois avaient disparu. Les enfants, qui auraient souhaité que le directeur ou la mairie leur offre une boisson bien méritée, durent se contenter d'eau fraîche à la pompe. Ils en profitèrent pour s'asperger les uns les autres, heureux d'avoir échappé à trois heures de cours, et de rentrer sans devoirs à faire.

Avec un zèle tout républicain, l'institutrice des petits s'efforçait d'ouvrir aux savoirs ce bloc monolithique compact, indifférent aux choses de l'école, qu'était la classe de Petit Joseph. Rares étaient ceux qui, motivés et poussés par leur famille, tenaient réellement à acquérir les rudiments de la lecture, de l'écriture et du calcul. Pour la majorité, l'école ne formait qu'un passe-temps, à la suite des années de salle d'asile, qu'on délaisserait sans état d'âme dès que les travaux à la ferme l'exigeraient. Un travail, à leurs yeux, se pratiquait derrière un métier à tisser, une charrue, un établi artisanal ou un comptoir d'épicerie. Le col-blanc était le privilégié par excellence, respecté et jalousé pour ses talents en matière de calligraphie et son orthographe juste, ainsi que sa maîtrise souvent approximative de deux langues.

Les parents de Joseph avaient toujours refusé d'apprendre le français, sous le prétexte fallacieux qu'il fallait éviter de s'élever hors de la condition dans laquelle le Bon Dieu vous avait placé. Le français, plus que l'allemand, symbolisait à leurs yeux la classe des riches, du beau monde, d'où ils étaient définitivement exclus. Pour ces familles où l'on était ouvrier ou domestique de père en fils, après avoir quitté les bancs de l'école vers douze ou treize ans, tout espoir de promotion n'était qu'illusion. Les patrons utilisaient le dialecte pour communiquer avec leurs employés, mais pratiquaient entre eux un français soutenu. Les pauvres se contentaient de rudimentaires créneaux langagiers, conformes à la modestie de leurs emplois. À quelques exceptions près, la place d'un jeune sur l'échiquier social était déterminée: au fils d'ouvrier la machine, au fils de paysan la charrue.

Les destins de la petite paysannerie et du monde ouvrier souffraient encore du poids des a priori et des antagonismes hérités du passé : d'un côté, les « noirs », recrutés dans les milieux conservateurs, modestes et inconditionnels soutiens de l'Église ; de l'autre, les « rouges », issus du prolétariat, assimilés aux athées et au parti communiste, pourfendeurs matérialistes de la bourgeoisie et de la religion. Petit Joseph, servant de messe à peine entré à la grande école, avait remarqué que le curé et l'instituteur, rares notables auxquels l'instruction avait conféré des privilèges, se comportaient différemment quand ils s'adressaient à ses parents, humbles ouvriers, ou aux agriculteurs argentés.

Les familles privilégiées avaient l'habitude d'envoyer leurs rejetons dans les classes qui préparaient à l'entrée en sixième, au lycée ou à l'internat. Le tri des élèves qui transitaient par le primaire se faisait généralement par le concours d'entrée à l'École normale ou le concours administratif subalterne. Dès que, dans la cour de récréation, des grands du certificat d'études évoquaient le baccalauréat, l'apprentissage artisanal, les brevets élémentaire et supérieur – toutes choses dont on ne parlait jamais en famille –, Petit Joseph se prenait à espérer qu'un jour il pourrait s'y aventurer lui aussi, quitte à tenter cette démarche vers la connaissance et la liberté tout seul, et contre tous.

La leçon de catéchisme

Dès la première semaine de classe, Petit Joseph et ses camarades eurent la surprise de se trouver face à un jeune abbé, coquet dans sa soutane dernier cri, au col immaculé, amidonné de fraîche date. Ses ongles parfaits et l'ovale délicat de son visage trahissaient une origine aisée, qui lui avait épargné de remuer la terre ou de tremper les mains dans un bain d'huile, en usine. Les élèves se prirent d'affection pour lui. Il avait été délégué par le vieux curé, mal aimé parce qu'il ne savait pas parler aux enfants, et qu'il était intransigeant avec ses ouailles. En dépit de sa soutane usée jusqu'à la trame, aux reflets moirés, et malgré son air distant, l'austère curé était réputé homme de science, d'une vaste culture, intègre et honnête jusqu'au bout des ongles.

Frais émoulu du séminaire, où il avait appris à disserter sur l'existence de Dieu, et à s'acquitter dignement d'une fonction de chargé d'âmes, le jeune abbé débutait dans le sacerdoce, fort de son statut de fonctionnaire d'État (en cette région concordataire), et assuré du soutien d'une population rivée aux traditions et souffrant d'anémie spirituelle. Derrière ses belles manières se cachait une ardeur prosélyte dont l'objectif, inavoué autant qu'immature, était de surclasser dans les jeunes esprits de la classe la jeune et belle institutrice, elle-même formée à l'École normale catholique de filles de la région.

À l'endroit des Juifs, un de ses thèmes favoris, il usait d'un ton méprisant qui laissait son auditoire de marbre, puisque aucun membre de cette communauté n'habitait le village. Seuls quelques élèves en avaient rencontrés, en train de négocier du bétail avec leurs parents, ou de vendre du tissu au marché du chef-lieu. Il se faisait plus lyrique, pathétique, pour évoquer l'Allemand Luther ou le Suisse Calvin, dont les errements coupables avaient lourdement entamé la juste hégémonie du catholicisme européen. En parlant ainsi du protestantisme, il jeta le trouble dans l'esprit de quelques élèves, qui avaient pour bons camarades trois petits protestants de la classe des moyens, éduqués dans un climat de tolérance et qui suivaient en toute discrétion leurs offices religieux dans le bourg voisin, majoritairement protestant.

Il lui arrivait aussi, quand il était de méchante humeur, de fustiger le comportement de la classe politique au pouvoir, qu'il accusait d'être à la solde des communistes, des libres-penseurs, des francs-maçons et des athées, et d'avoir évincé les institutions religieuses et les associations privées, en proclamant la séparation de l'Église et de l'État. Vue d'Alsace, régie avec la Lorraine par le Concordat de 1801, confortées dans leurs particularismes par les dialectes et la législation, la France « de l'intérieur », République laïque, était objet de méfiance. Personne n'aurait aimé qu'on supprimât l'enseignement religieux pour le remplacer par des cours de morale, ni que les prêtres fussent entretenus financièrement par les fidèles.

La plupart de ces récriminations dépassaient largement les capacités de compréhension de la majorité des élèves. Plus d'un se demandait si l'Alsace était en France, si on descendait bien des Gaulois roux aux abondantes bacchantes et, plus grave encore, s'il fallait se donner la peine d'apprendre le français. Néanmoins, l'abbé entraîna l'ensemble de la classe dans sa réprobation contre ceux qui avaient spolié l'Église et condamné le clergé « de l'intérieur » à vivre de la charité publique. Il se déclara gagnant quand il n'y eut aucune défection dans la classe pour recevoir la petite communion, quand bien même certains parents ne mettaient jamais les pieds à l'église.

Il avait suffi au prêtre d'adopter, comme il en avait le talent, un ton fougueux, tour à tour larmoyant et irascible, pour se rendre crédible et sympathique. Mais un élève plus dégourdi s'était levé pour demander si les catholiques, les Juifs et les protestants avaient le même Bon Dieu et pour constater que, s'il en était ainsi, il n'y avait pas lieu de se disputer. Le petit s'enhardit même à s'interroger: pourquoi n'aimerait-on pas les protestants ni les Juifs, surtout les enfants protestants qui étaient d'excellents camarades?

Ce que les enfants désiraient, c'est que le catéchiste leur racontât de belles histoires, comme la gentille sœur de la salle d'asile savait le faire. Tous connaissaient la triste histoire du Bon Jésus, injustement tué à cause de la malveillance et de la bêtise de la populace juive, dévoyée par les pharisiens. Mais certains semblaient ignorer que ce même Jésus avait exigé qu'on appliquât dans la vie de tous les jours la loi d'amour, et qu'il était donc exclu de faire une différence entre riches et pauvres, entre catholiques, protestants et Juifs, entre Alsaciens et Français, voire entre Français et Allemands, lesquels, de l'autre côté du Rhin, menaçaient d'envahir la France et d'annexer l'Alsace au Reich millénaire.

Petit Joseph s'imaginait naïvement que l'enseignement religieux allait amender les comportements. Mais le pauvre subissait chaque jour l'assaut de camarades qui, jaloux qu'une intelligence comme la sienne pût se développer dans un milieu aussi peu favorable, ne manquaient pas une occasion de lui rappeler ses origines ouvrières. Il voulut se confier à l'abbé, mais ce dernier s'esquiva. Quelle injustice! C'était pure hypocrisie de répandre de bonnes paroles sans jamais agir...

Trop souvent éconduit, Petit Joseph se mit à douter. Sa raison d'enfant ne pouvait se résoudre à accepter certains paradoxes: difficile de concevoir la faute des premiers parents, évincés du Paradis pour une pomme poussée sur l'arbre dit «de la connaissance du bien et du mal», qu'un serpent avait proposé à Ève et qu'elle ne put refuser. Depuis quand, se demandait-il, un arbre peut-il connaître et distinguer le bien du mal, et un serpent faire des propositions séduisantes à une femme ? Que peut savoir un arbre, et qui avait appris à parler à un reptile ?

Petit Joseph avait toute la peine du monde à comprendre qu'on pût appeler Sainte Bible le livre pour les petits, chargé d'estampes montrant un couple tout nu avec ses feuilles de vigne, camouflant leur visage dans les mains, ou une jeune femme portant une tête sanguinolente sur un plateau. Que penser du premier et horrible fratricide, et de la fuite du criminel dans le désert, poursuivi par l'œil de Dieu ? Un père pouvait-il être considéré comme tel, s'il prenait le risque de sacrifier son fils innocent pour obéir à un ordre venu du Ciel ? Se pouvait-il qu'une jeune Juive, belle et fanatique, tranchât la tête d'un roi païen à la suite d'une injonction céleste, et l'emportât aux siens sur un plateau, ou encore qu'une autre belle, profitant de son charme et de la confiance qu'elle inspirait à son compagnon, le livrât à la vindicte de son clan ? Joseph avait de la peine à admettre que le Père du Bon Jésus pût inspirer pareille horreur, même pour mettre Son peuple à l'abri...

Le premier dimanche après Pâques, à la Quasimodo 1937, Joseph fit sa première communion. Au cours de la collation qui suivit la cérémonie, le garçon se vit pour la première fois convié à la table des grands : d'habitude, lors des occasions importantes, il était relégué à une table sommairement garnie, dans un coin du salon, avec ses frères, cousins et cousines. Sur décision de la mère, sa marraine n'avait pas été invitée ; et le père, dont c'était l'unique sœur, mais qui n'avait pas son mot à dire, afficha pendant le repas une mine renfrognée, pour marquer sa désapprobation et sa déception. Le clan, qui lui reprochait une certaine tiédeur dans la pratique religieuse, la jugeait indigne de servir de caution spirituelle au communiant, et la mère se fit un plaisir non dissimulé de se désigner d'office comme tutrice attitrée. Sous sa houlette, un grand avenir spirituel s'ouvrait à Petit Joseph.

La Sainte Famille

– Comment ça naît, les enfants ?

Un silence gêné, suivi d'un refus net des parents, mit fin au questionnement indiscret du garçon, qui d'un coup avait souhaité percer le mystère des origines.

– Tu auras la réponse en temps voulu. Cela ne te regarde pas. Ces questions ne peuvent être débattues qu'entre adultes.

L'énigme dépassait ses capacités d'entendement. Il fallait se méfier de l'imagination, la folle du logis, et l'Église veillait à entretenir le mystère, afin de préserver l'intégrité psychique et morale des enfants et des adolescents.

– À ton âge, jamais on n'aurait eu l'idée de poser des questions aussi saugrenues à nos parents, qui d'ailleurs avaient d'autres soucis plus importants. Et, crois-moi, nous ferons tout pour que cette sage tradition perdure.

En attendant de découvrir de lui-même de quoi il retournait, Petit Joseph dut se contenter de la satisfaction d'avoir des parents, et des frères. Il se mit toutefois en devoir d'apprendre où et comment ses parents s'étaient rencontrés. Ce qu'ils croyaient être un mystère impénétrable se clarifia au cours des fréquentes disputes qui émaillaient le quotidien de la famille, comme des autres ménages du quartier. Dans la cité et les environs, on se querellait beaucoup, au grand dam des enfants qui se seraient facilement passés d'être les témoins de ces altercations à répétition.

La mère reprochait au père, avec une délectation mordante,

ses origines prolétariennes, sa fréquentation pour le moins épisodique des offices du dimanche, et la réputation sulfureuse qui en découlait aux yeux des villageois. Le père était vraisemblablement baptisé puisque, en son temps, tout le monde l'était; mais rien ne prouvait qu'il avait fait sa communion solennelle. Les motivations qui l'avaient amené à changer de camp demeuraient obscures. S'il était passé sans trop de scrupules des « rouges » aux « noirs », ce fut sans doute pour des raisons d'opportunisme domestique : il ne pouvait prendre en permanence le contre-pied de la volonté unanime du redoutable clan de la mère.

Ils avaient convolé en justes noces le 14 juillet 1929, devant le maire et le curé du village. Sur la photo jaunie qui en témoignait, la mariée, avec une voilette légère fixée par une agrafe en forme de brin de muguet, était vêtue de noir au lieu de blanc. Cela intriguait fort Petit Joseph, qui avait vu le jour exactement neuf mois plus tard. Il avait deux ans quand le ventre de sa mère prit de considérables rondeurs. Inquiet, croyant qu'elle était malade, il supplia le Bon Jésus de la maintenir en vie. La voisine lui expliqua que les nouveaux-nés naissaient dans les choux, ou que les cigognes, de retour des pays chauds, les amenaient aux mamans, dans un linge blanc (pour un garçon) ou rose (pour une fille). Elle invita Joseph à vérifier si un petit frère ne se cachait pas dans les choux de Bruxelles, et à chercher dans le ciel un éventuel passage de cigognes. Mais il eut beau fouiller les plants de chou et manquer se casser la nuque à force de scruter le ciel, il n'y avait aucune trace de bébé, à son grand désespoir. Désormais, il refuserait de manger du chou, par peur de croquer du nouveau-né.

Le mystère redoubla soudain, quand Petit Joseph entendit dans la chambre des parents un piaillement et des cris inhabituels. La grand-mère maternelle l'appela, pour lui montrer rapidement une petite chose très laide, à la peau ridée et au corps cramoisi, qui braillait à pleins poumons. Mais on le pria vite de décamper, car il n'y avait pas de place pour les hommes : la naissance était une affaire de femmes. Joseph comprit même qu'il fallait une femme sage, plus sage que les autres, pour prendre en main la direction des opérations.

Également interdit de visite, le père attendait anxieusement dans la cuisine, comme un enfant pris en faute et attendant son châtiment. C'est lui qui apprit à Joseph que cette chose minuscule et laide était son deuxième petit frère. Non seulement l'aîné n'avait rien vu venir, ni dans les choux, ni dans le ciel, mais des indices trahissaient le secret qui n'en était plus un. La mère, très lasse, avait les larmes aux yeux ; elle transpirait, les cheveux défaits ; et le bac qui servait habituellement au bain hebdomadaire était plein d'une eau rougie. Examinant d'un œil neuf ce qu'on lui avait raconté, Petit Joseph finit par s'en vouloir d'avoir été naïf au point de croire aux balivernes sur la naissance dans les choux ou dans un nid de cigogne.

Un sentiment nouveau envahit peu à peu ses pensées et son imagination. Il prit de l'intérêt à son corps, vérifiant la fermeté de ses biceps et de ses mollets, n'osant se tâter ailleurs de peur de tomber sous le coup du sixième commandement : « Tu t'abstiendras de te complaire dans des pensées et des gestes interdits et coupables, que tu devras porter au confessionnal pour obtenir l'absolution du prêtre, si tu tiens à rester en bons termes avec Dieu et éviter d'être précipité en Enfer pour l'éternité. Ne te laisse pas aller aux douceurs suaves de l'imagination, avant de t'endormir. Résiste et prie, et tes nuits seront paisibles. » Le discours de l'abbé interdisant de prêter attention aux « choses de dessous la ceinture » révéla à Joseph la réalité du péché ; le prêtre avait irrémédiablement ouvert la boîte de Pandore.

Petit Joseph s'était rendu compte que les filles n'étaient pas semblables aux garçons ; mais, à force d'entendre sa mère dire que la fille était un être malfaisant et dangereux, le seul fait de se voir en pensée en compagnie d'une petite camarade chargeait sa conscience d'un sentiment de culpabilité, dont il devait se débarrasser le plus rapidement possible au confessionnal, pour éviter l'horreur de l'Enfer. Cet étrange sentiment contribuait à lui donner l'impression d'une étonnante maturité, et la possibilité d'opter entre ce qu'on lui désignait comme le bien et le mal.

Au village, les choses de l'amour se faisaient à l'abri des regards indiscrets, dans le secret des alcôves, des granges ou des bosquets, aussi Petit Joseph était-il bien en peine de compléter son information. Les couples qu'il voyait, y compris celui des parents, offraient une piètre image du compagnonnage amoureux. Mais la mère, à son grand étonnement, ne lui interdit pas de se rendre à la kilbe, la fête du village. Ce fut pour le jeune garçon un merveilleux champ d'observation. Collé à la balustrade de la piste de danse, il suivit d'un œil captivé les évolutions des couples, jeunes et vieux. Il put tout à loisir constater qu'il suffisait parfois de quelques valses pour s'apparier, passer devant le maire et conclure une union à l'église, devant Dieu, après que les familles se furent entendues sur les questions financières.

À cette époque, à la campagne, on ne divorçait pas, sauf si l'on disposait des moyens suffisants pour obtenir la nécessaire dispense de la Curie romaine, seule habilitée à délier de leur serment devant Dieu et les hommes ceux et celles qui aspiraient à une nouvelle liberté. Considéré comme un parjure, le divorce vous excluait non seulement de la communauté chrétienne, en vous refusant l'accès aux sacrements, mais aussi de la société civile. Dans le village, un brave homme dont l'épouse avait préféré vivre en ville, l'abandonnant à son triste sort, vivait comme un reclus, dans l'indifférence générale.

Les parents de Petit Joseph disposaient de nombreuses raisons pour se séparer : la mère, appuyée par son clan, doutait de l'état civil du père, le traitant de bohémien sous prétexte qu'elle n'avait jamais eu en main le livret de famille des beaux-parents. Pour tout élément d'identification, le buffet de la cuisine contenait le livret de travail du père, dans lequel les patrons consignaient leurs appréciations, et que le titulaire devait présenter à sa nouvelle direction, quand il changeait de métier ou d'entreprise.

Les deux aînés, conscients de leur rôle d'innocents otages dans les compétitions quotidiennes de chantage affectif auquel le couple se livrait, devaient se tenir sur leurs gardes pour éviter de prendre le parti de l'un contre l'autre. Dans cet affrontement impitoyable, la mère finit par prendre le dessus, traitant son mari de suppôt du diable, et appelant au secours le Bon Dieu et le clergé, qu'elle avait l'habitude de courtiser. Sûre de son bon droit, aigre et rancunière, elle s'employait, à force de ruse et de calomnie, à déstabiliser, à humilier et à isoler le pauvre homme, avec le concours de son clan.

Dans la vie de famille, faite de bouderie, de procès d'intention injustifiés et de haine, rares étaient les lueurs d'apaisement. La mère s'était proclamée gardienne du foyer. Forte de ce titre usurpé, elle abusait de son pouvoir, se répandant en complaintes, imputant ses misères à autrui, et en fréquentes visites à l'église, sans doute pour se faire pardonner ses excès. Le père lui opposait une faible résistance, boudant, se tenant mal à table, disparaissant dans le jardin pour nourrir les lapins et les poules ou s'enfuyant vers son poste de travail après avoir lapé sa soupe aux légumes. Mais toutes les tentatives pour séparer les garçons du père, un modèle de travail, d'honnêteté et de devoir, échouaient, parce qu'entre garçons on avait deviné les manigances de la mère et de son clan.

Le clan

Joseph n'avait pas connu son grand-père maternel, décédé la veille de sa naissance. Il n'en restait qu'un portrait au cadre ébréché, suspendu au mur du salon, qui le montrait en tenue de grenadier au service de l'empereur d'Allemagne. Emporté par une foudroyante défaillance pulmonaire, il n'avait pas laissé une trace impérissable dans la mémoire des siens. En présence de Joseph, on se gardait de parler du défunt, sans doute parce que, simple ouvrier textile dans un atelier artisanal, ce grand-père était une espèce de météore, la cinquième roue du char tout au plus, le prince consort de la tribu, sollicité pour procréer, afin d'assurer aide et réconfort aux autres membres de la famille, quand viendrait la vieillesse.

Comme Grand-mère n'avait pas l'intention de convoler une seconde fois, elle avait choisi de conserver pour elle seule le pouvoir, de s'habiller en noir pour la fin de ses jours et d'imposer le régime matriarcal à toute la maisonnée. Un jour, Joseph l'entendit confier à l'une des tantes qu'elle avait épousé Grand-père contre la volonté de ses parents, qui rêvaient pour elle d'un autre parti, au moins d'un artisan prospère, puisqu'elle était fille d'artisan, et non d'un modeste ouvrier textile sans fortune et sans avenir. Grand-mère avait persisté dans son refus, et l'on ne s'était plus revu.

La vieille dame en noir inspirait à Joseph une sainte terreur. C'était une femme de taille imposante, que l'immobilité et la prise de poids menaçaient de rendre impotente. Elle siégeait dans un fauteuil fabriqué sur mesure pour elle, toujours à la même place du salon, devant le grand-père défunt dans son cadre fatigué. Chef de clan incontesté, elle parlait peu, tel un bouddha hiératique en jupon, auquel on faisait appel comme à un oracle et dont les oukases lapidaires étaient exécutés à la lettre. Depuis la mort de son mari, elle faisait marcher son petit monde à la baguette, camouflant les situations délicates de manière à n'offrir aucune prise aux cancans du village, à sauver les apparences et à paraître plus huppé qu'on ne l'était réellement. Ceux ou celles qui faisaient un faux pas étaient impitoyablement écartés ; les prétendants au mariage qui n'avaient pas l'heur de lui plaire étaient congédiés sur-le-champ.

La fratrie de ses six enfants eut tôt fait de quitter le giron familial pour vendre ses forces de travail à l'industrie textile qui exigeait peu de qualification, comme bonne à tout faire dans une famille jouissant d'un standing social et bancaire privilégié, ou en apprentissage chez un artisan. Aucun n'était allé au-delà de l'école primaire, que ce fût sous le régime allemand jusqu'en 1918, ou sous le régime français pour les plus jeunes. Tous les six, jusqu'à leur mariage, mettaient l'intégralité de leurs modestes gains à disposition de la mère, qui les gérait « en bon père de famille », comme on disait alors, pour payer sa pension, constituer une réserve pour les temps des vaches maigres et le trousseau des filles à marier, les garçons disposant de quelques pièces pour couvrir leurs frais de sortie.

Le maître mot dans la famille était « économiser ». Dès son plus jeune âge, Petit Joseph apprit la valeur de l'argent, la difficulté de le gagner et la nécessité de veiller à en faire le meilleur usage. En tant que commissionnaire attitré de toute la famille, il savait que, pour tant de centimes, le boulanger donnait une miche et rendait quelques sous ; de même pour le boucher et l'épicier, à qui il faisait une confiance naïve qui n'avait jamais été trahie. L'argent était rare, et il fallait travailler dur pour en gagner. C'est pourquoi, dans tous les ménages, on se limitait à l'essentiel : pain, lait, pommes de terre et choux, chicorée, malt et farine.

Le père de Joseph était, à l'usine du village, le supérieur direct d'un des frères de la mère. Et le clan maternel, qui avait du mal à accepter cette situation, répandait des rumeurs visant à le déshonorer. Mais le père n'en tenait nullement compte, s'échinant au contraire à leur rendre service, afin d'obtenir en retour ne fût-ce qu'un semblant d'estime et de reconnaissance, souhaitant pour sa part qu'on enterre une fois pour toutes la hache de guerre.

Pour le père, qui devait rapporter l'argent du ménage, ne pouvait être considéré comme travail que l'activité salariale consignée sur une fiche de paie, qu'il rapportait chaque quinzaine à la maison. La mère, préposée à la gestion financière du trésor familial, collectionnait ces fiches dans une boîte métallique ; quant aux billets, elle les cachait dans l'armoire de leur chambre à coucher, après les avoir lissés d'un revers de la main, avec une expression de contentement, puisque la survie de la famille était assurée pour la quinzaine à venir, mais aussi avec une profonde frustration, parce que l'argent manquerait inéluctablement à la fin du mois.

L'aîné des six, l'oncle Charles, célibataire, occupait une pièce mansardée au premier étage de la modeste demeure familiale. Il ne vivait que pour la grand-mère, devenue avec l'âge plus acariâtre et possessive à l'encontre de quiconque avait le malheur de montrer quelque faiblesse. Après l'échec lamentable d'une affaire de cœur, aux dires de certains, Grand-mère avait décidé de le garder auprès d'elle, sans doute pour se servir sur le salaire qu'il rapportait de son poste à l'usine où le père était contremaître. À l'usine, on était payé à la pièce, à raison de cinquante-neuf heures par semaine. Quand par chance les fils de bobines ne déchiraient pas, et que le métier à tisser n'était pas arrêté à tout bout de champ, le salaire était honorable en fin de quinzaine. En dehors des heures d'usine, l'oncle avait fort à faire : entretenir deux jardins potagers, cultiver un carré de vigne, faucher l'herbe, rentrer les foins, élever poules et lapins, s'occuper d'un pauvre chien, condamné à passer sa vie dans une niche, à proximité du tas de fumier.

Profitant pleinement de son célibat, l'oncle Charles acceptait les choses avec philosophie. Il se constituait une belle collection de timbres qu'il traitait avec une compétence de professionnel. Depuis qu'il avait été scolarisé en Alsace annexée au Reich avant 1918, il tenait un journal intime en allemand, où il notait chaque jour les événements survenus au village. Quand sa santé était meilleure, il lui était parfois arrivé de taquiner les Muses, jusqu'à se tailler une belle réputation lors d'une Saint-Sylvestre, en parcourant les rues du village pour annoncer la nouvelle année en chantant. Joseph suivit un bon bout de chemin le troubadour, qui ravivait une tradition menacée de disparition, avant de rentrer transi de froid. L'oncle revint éreinté, titubant sous l'effet du rhum, du schnaps et du vin chaud qu'on lui servait par la fenêtre.

Tante Berthe avait cherché fortune au loin, épousant un mineur de Lorraine. Petit Joseph crut comprendre que tante Berthe avait elle aussi connu un cruel revers sentimental, ce qui l'avait incitée à prospecter au loin pour trouver du réconfort auprès d'un homme excellent, stoïque et amoureux au point de supporter son caractère exécrable et le besoin de tout régenter qu'elle avait hérité de sa mère. Mineur de fond syndiqué, de santé fragile, il passait son temps libre à rouler des cigarettes, dont il s'amusait à garder aussi longtemps que possible le mégot entre les lèvres.

Chaque année, aux grandes vacances, ils arrivaient de leur lointaine Lorraine, située au bout du monde pour Joseph, qui ne connaissait que le village. À la campagne, chacun disait que les enfants des villes, plus dégourdis, avaient de meilleures chances de trouver un bon emploi. Ces francophones qui habitaient en ville avaient à ses yeux une touche d'exotisme. Surpris de leurs histoires sur le dur métier de mineur de fond, les difficultés de la cohabitation dans les cités minières et la médiocrité des enseignants de l'école du quartier, Joseph en conclut qu'habiter à la campagne n'était finalement pas dépourvu de charme.

Un monde semblait séparer la famille restée au village de celle des cousins. La cousine était du même âge que Joseph, mais elle avait plus d'aplomb, s'exprimait mieux, était plus au fait des choses de la vie. Pour la première fois de sa vie, le garçon était handicapé par sa maîtrise insuffisante du français, langue que sa cousine semblait manier aisément. Le cousin, un peu plus âgé, doux et maître de lui, tentait de mobiliser les quelques bribes d'alsacien réunies au cours de séjours antérieurs, pour se mettre au niveau de Petit Joseph. Il lui avoua qu'il aimait passer ses vacances au village, car il trouvait la vie dans sa cité industrielle parfaitement monotone, et qu'il l'enviait d'habiter la campagne, où l'air n'était pas chargé de fumées et de poussières.

La gentillesse et les bonnes manières des deux cousins juraient avec le caractère exécrable de leur mère et la placidité de leur père. Les tantes ne se gênaient pas pour s'extasier sur les deux enfants lorrains, si bien éduqués, aux yeux si beaux et aux mains si fines : rien ne leur manquait pour devenir des employés de bureau modèles, gagner beaucoup d'argent et contracter de beaux mariages. Le pauvre Joseph sentit les morsures de la jalousie et se jura de les dépasser un jour, quand il aurait grandi seul et contre tous.

Sans formation professionnelle, mais maîtrisant suffisamment le français pour s'entendre avec les francophones, tante Berthe avait dû travailler, sans doute comme femme de ménage, car pour élever deux enfants et les vêtir dignement, il fallait des rentrées d'argent à la hauteur. Les deux sœurs communiquaient mal, voire pas du tout, la mère tenant au dialecte, et tante Berthe répondant en français. Le dialogue était plus facile pour les deux plus jeunes sœurs, qui avaient fréquenté l'école française avant d'être immergées dans le bain dialectophone. Elles faisaient bonne contenance face aux francophones, alors que les parents de Joseph justifiaient leur refus d'apprendre le français derrière un principe respecté par la grande majorité des villageois : *Reda mer, we der Schnaawel g'wachsa esch* (Parlons comme le bec nous a poussé).

L'oncle Joseph, troisième de la fratrie, avait quitté le domicile familial pour trouver du travail et son épouse dans une vallée vosgienne. On ne le voyait que dans les grandes occasions car, les moyens de communication étant pour ainsi dire inexistants, le déplacement à bicyclette s'avérait trop pénible. Toutefois, il reprochait au clan de le boycotter parce qu'il avait épousé une francophone ; de fait, la relative aisance matérielle que cette union lui avait procurée donnait lieu à des commentaires désobligeants. À la naissance de Joseph, on l'avait sollicité pour devenir son parrain, choix symbolique car, ayant lui-même quatre ou cinq enfants, il ne pouvait consentir à des dépenses de prestige.

En quatrième position venait la mère. À sa sortie de l'école, en 1918, c'était une avenante fille de treize ans, sérieuse et débrouillarde. Aussi le bouche-à-oreille avait-il admirablement fonctionné : venus de partout en quête de la perle rare, de nombreux employeurs lui offrirent des gages substantiels, voire des horaires de travail à sa convenance, ou même l'opportunité d'apprendre le français. Une belle proposition lui vint de Paris, pour rejoindre les bataillons de personnels de service issus d'Alsace. Tentée, elle finit par y renoncer, à la fois pour ne pas s'éloigner du giron maternel et par peur d'être rejetée si elle s'aventurait en francophonie.

Elle opta finalement pour un emploi de domestique dans une boucherie réputée de Sélestat, où elle se plut, travaillant beaucoup, dix ans durant. Elle revenait chaque mois apporter à la mère son écot filial, quelques économies pour faire face aux vicissitudes imprévues et se constituer une dot. Les bouchers, qui appréciaient fort les performances et la conscience professionnelle de leur employée, firent tout pour la retenir, lui proposant même d'épouser leur fils unique. Très flattée, elle aurait sans doute accepté si Grand-mère, qui se méfiait de cette offre trop alléchante pour être honnête, n'était intervenue pour l'en dissuader, convaincue que riches et pauvres ne pouvaient s'entendre, et que tôt ou tard ce type de ménage était condamné à capoter.

Le dur travail de domestique n'avait en rien altéré le charme et le corps de la mère, qui ne laissait pas indifférents les hommes de son âge. Mais le clan soudé avait la triste réputation de réfrigérer bien des prétendants. Pour conclure l'affaire, il avait fallu un aveugle comme le père, lui aussi écorché vif et pauvre, mais travailleur et amoureux. Ils avaient toujours gardé secrètes les circonstances de leur rencontre, le lieu de leur mariage et les raisons de cette précipitation.

La mère considérait ses quatre maternités comme l'expression de la volonté divine ; elle se fit un devoir impérieux de s'occuper de ses enfants du mieux qu'elle pût, dans cette époque de récession économique qui suivait une crise mondiale. Le chômage menaçait, les ressources financières s'épuisaient, l'arrivée au pouvoir du Front populaire exacerbait l'antagonisme rouge/noir, et tous se plaignaient de logements dangereux et insalubres. Soucieuse d'éviter les commentaires désobligeants de la paysannerie huppée, la mère veillait à ce que ses enfants ne manquassent de rien. Dans son propre clan, on la traitait de lapine parce qu'elle avait eu quatre garçons, alors que ses sœurs finirent sans descendance. Elle avait surtout la chance de disposer, en la personne de son aîné, d'une main-d'œuvre taillable et corvéable à merci, pour effectuer les taches subalternes indispensables.

Petit Joseph espérait recevoir de temps en temps, d'elle et du père, un discret compliment, un mot de tendresse ou d'encouragement. Surtout, il voulait avoir le droit d'être un enfant, de s'ébattre et de participer aux jeux de ses camarades. Par moments, il avait envie de se rebiffer, quand il entendait la voix intransigeante de la mère :

– Vas chercher du pain, amène-moi les enfants, cherche-moi une demi-douzaine de pommes de terre à la cave, monte mettre la table, surveille tes frères, si quelque chose leur arrive, c'est toi qui seras responsable !

Faisait-elle payer à son fils le déficit d'affection dont elle-même avait souffert ? Il lui manquait en tout cas la générosité indispensable pour changer de cap. La situation empira avec le temps, les relations avec le presbytère s'intensifiant, après que le père eut rejoint le camp des noirs. Mais à chaque fois qu'on la complimentait à propos de la conduite, du sérieux et du travail de Joseph, elle s'appropriait tous ces éloges, sous prétexte que l'éducation des enfants était devenue problématique dans la société actuelle, menacée d'éclatement.

Tante Marie, la cinquième, était indiscutablement la favorite de Grand-mère, sans qu'on sût pourquoi. Sans doute avait-elle employé une forte dose de rouerie et joué sur le registre de la fausse soumission pour circonvenir l'étroitesse d'esprit et le comportement bougon de la génitrice, mettant à profit sa santé déficiente et sa prise de poids. Mais elle avait surtout déniché un excellent compagnon, menuisier de son état, petit propriétaire d'une maison, d'une fermette et d'un vaste terrain servant de verger, et par-dessus tout, amoureux transi, prêt à satisfaire le moindre désir de la belle. Victime d'une allergie à la sciure de bois, le menuisier dut se reconvertir en fonctionnaire des PTT, hautement estimé par le clan et toujours cité en exemple.

Désireuse de soustraire Petit Joseph à l'influence néfaste de sa famille, tante Marie chercha sournoisement à gagner sa confiance, afin de lui arracher des secrets susceptibles de renseigner l'état-major du clan sur les difficultés rencontrées par la mère dans son ménage, et d'enfoncer un peu plus le père. Tous les jeudis matin, jour de relâche scolaire, Joseph allait chez elle écouter une messe chantée sur Radio

Luxembourg en savourant un bol de chocolat chaud, tandis que l'oncle fumait une cigarette en toute quiétude. Fumer était le seul vice que tante Marie tolérait – car l'oncle, comme tous les beaux-frères, était tenu en laisse. Quant à Joseph, pour rien au monde il n'aurait renoncé à la belle musique, aux chants polyphoniques, aux commentaires qui accompagnaient l'office, et qui lui firent découvrir des pratiques religieuses fort éloignées de celles du village. Il était profondément reconnaissant à la tante de lui offrir cet unique moment culturel dans le triste désert de son quotidien.

Tante Marie avait quitté l'école à treize ans, de son propre gré. Autorisée, après l'école primaire, à fréquenter une école ménagère pour y apprendre la couture, elle avait préféré entrer chez une couturière du village, non diplômée mais dotée d'un solide bon sens et d'une très grande compétence, qui lui apprit le métier et lui permit de se mettre à son compte. Comme le couple n'avait pas d'enfant, les deux salaires lui procuraient une certaine aisance financière, qui était censée les mettre à l'abri de toute critique. Ils rêvaient d'une vie bourgeoise, et l'achat d'une Traction avant leur aurait permis de se hisser aux niveaux des plus fortunés du village, si la guerre n'avait pas mis fin à leur rêve de grandeur.

La dernière de la tribu, tante Rosa, était jeune, souriante, espiègle par moments. Malgré ses yeux bleus, lumineux et tendres, qui ne pouvaient qu'inspirer confiance, elle était toujours célibataire à vingt-cinq ans. Très courtisée, d'un abord plaisant qui semblait encourager maint prétendant, elle vit la grand-mère, échaudée par les tristes aventures connues des aînés, refroidir les candidats l'un après l'autre. Obéissante et soumise, tante Rosa acceptait les diktats de sa mère, qui ne cherchait qu'à garder sa fille auprès d'elle pour bénéficier d'un soutien, s'il survenait un revers de santé ou d'argent.

La compassion de Petit Joseph pour tante Rosa se mua peu à peu en passion secrète ; il saisissait toutes les occasions de lui rendre de menus services, comme un vieil amoureux. Elle faisait semblant d'ignorer le jeu de son neveu. Ils se voyaient rarement, car elle prenait tôt le matin un bus affrété par l'entreprise dans laquelle elle travaillait, et revenait très tard le soir. À la voir habillée avec goût et élégance, Joseph crut qu'elle était une personne d'importance, bien rémunérée. Quelle ne fut pas sa surprise, quand il apprit que tante Rosa n'était qu'ouvrière dans une fabrique de chaussettes et de bas !

Sous le charme, Joseph voulait garder pour lui tout seul cette tante qui avait la chance d'être mince et de pouvoir s'offrir des robes exposées dans les vitrines des meilleurs magasins de mode du chef-lieu. Toutefois, il dut voir son rêve brisé et ses talents de séducteur piétinés : tante Rosa s'occupait des cousins lorrains avec une sollicitude toute maternelle, qui le fit cruellement souffrir. Mis de côté, comme un jouet qui avait fait son temps, Joseph dut se faire une raison, du haut de ses sept ans. Quant à la tante Rosa, avec les années, elle perdit de sa bonne humeur et son caractère s'altéra ; pour compenser sa solitude, elle trouva le chemin de l'église, à laquelle elle restera fidèle toute sa vie.

De père en fils

La vie n'avait pas été un cadeau pour le père de Joseph. Aîné de quatre enfants, il avait subi les foudres d'un paternel irascible, incapable d'assumer la paternité et les devoirs inhérents aux responsabilités familiales. Cet éternel insatisfait infligeait de brusques sautes d'humeur à ses enfants, souffre-douleur toujours à la merci d'une explosion imprévisible de colère et de cris. Plus d'une fois, l'aîné, cible privilégiée, dut chercher son salut dans la fuite. Chaque fois que Grand-mère essayait de s'interposer, son mari la rabrouait durement, de sorte qu'elle était réduite au silence. Mais le ménage tenait la route ; à cette époque, on ne divorçait pas dans les milieux modestes. Grand-mère, qui avait épousé Grand-père par amour, était d'une nature enjouée et optimiste ; son expérience de femme soumise lui avait fait découvrir de subtils moyens de désamorcer les situations conflictuelles. Tout en restant fidèle à ses convictions, elle fit semblant d'abonder dans le sens de son énergumène de mari pour l'empêcher de diriger sa colère contre les enfants.

Petit Joseph était fasciné par son grand-père paternel, au grand dam de la mère, laquelle craignait ce beau-père qui l'écrasait de son aura hors du commun. Parce que ce digne représentant du monde ouvrier, insoumis et frondeur, échappait à l'emprise de l'Église, elle cherchait par tous les moyens à dégrader son image aux yeux des enfants, lui imputant des défauts imaginaires de mécréant et de vieil ours, dont l'influence sur de jeunes êtres pourrait s'avérer néfaste.

Mais Joseph trouvait toujours moyen, en rusant avec son emploi du temps, de passer un moment avec les parents de son père. Lors de ces trop rares visites, il ne manquait jamais de saluer l'étonnante collection d'oiseaux exotiques empaillés, couverts de poussière et fixés au mur, que Grand-père avait rapportés de ses pérégrinations africaines, ainsi que la petite antilope naturalisée, bourrée de filasse, qui trônait dans un coin du salon. Après ce tour de la ménagerie, le garçon se rendait dans l'enclos où végétaient trois tortues, rapportées elles aussi d'Afrique australe, qu'il s'amusait à faire basculer sur le dos pour observer le désespoir impuissant avec lequel elles gigotaient des quatre pattes.

Au moment de l'annexion, en 1870, Grand-père aurait pu décider, comme quelques compatriotes, de s'établir en Algérie pour fuir l'occupant, mais il avait choisi de rester en Alsace. À vingt ans, contraint d'effectuer deux ou trois ans de service militaire au bénéfice du Reich, il avait choisi de s'expatrier, moyennant une solde substantielle, dans une province du sud-ouest africain, alors contrôlé par l'Allemagne. Il était parti sur un coup de tête, pour prouver, aux autres comme à lui-même, qu'il était devenu un homme et qu'il savait prendre des décisions. Bien qu'il eût préféré endosser celui de la France, l'uniforme symbolisait malgré tout à ses yeux, comme pour tous les jeunes de son âge, le passage à l'âge adulte, avec le rituel de la première cigarette, le premier contact avec d'autres filles que celles du village, les sorties en bande bruyante et les beuveries entre copains de chambrée.

Il n'avoua jamais ce qui l'avait poussé à revenir s'enterrer dans ce village de la campagne alsacienne, sans autre perspective que le travail. Tous ceux qui le fréquentaient constataient que ni le mariage, ni la paternité, ni ses importantes responsabilités de contremaître en chef n'étaient arrivés à combler le vide qu'avait laissé dans sa vie la démobilisation de l'armée afrikaner.

Petit Joseph voyait peu son grand-père, car cet amoureux de la bougeotte, contre toute attente, prenait très au sérieux son travail à l'usine: il y arrivait le premier et la quittait le dernier, sans doute par un réflexe hérité de son activité militaire. Quand Grand-père l'invitait à faire le tour de l'usine, très fier de présenter au personnel cette future recrue, Joseph avait de la peine à reconnaître ce vieil homme, qui cachait en famille son affection sous des dehors bougons. Visiblement autoritaire, il était craint et respecté à l'usine; le patron se déchargeait régulièrement sur lui des situations tendues, et d'aucuns lui reprochaient sa rigidité, doublée d'une instabilité caractérielle propre aux gens angoissés, ayant tendance à abuser de la bouteille. Tous s'accordaient cependant à lui reconnaître l'immense mérite de tenir tête au patron, courageux, exigeant et teigneux quand il s'agissait de défendre le personnel ouvrier.

Petit Joseph s'enhardit un jour à reprocher à son grand-père de n'avoir pas daigné assister à sa petite communion, ni à la messe de Noël. Aussitôt, celui-ci se fâcha, rugissant:

– Je n'ai pas besoin de prêtre, ni de Dieu, que personne jusqu'à ce jour n'a eu l'avantage de rencontrer dans la rue ! Si Dieu existait, il ne permettrait pas qu'il y ait tant de malheurs sur terre, voilà ce que j'en dis... Quant à moi, je me contente de ma conscience, qui me dicte ma conduite en toute circonstance.

Intrigué de le voir rêver des heures entières à la fenêtre et lire, quand le travail à l'usine lui laissait quelque répit, des revues géographiques et des livres d'histoire coloniale, Petit Joseph se demandait comment son grand-père avait contracté le virus de la culture. Ayant lui-même effectué une scolarité sommaire, comme la plupart des personnes de son âge, ce dernier était le seul membre de la famille à s'intéresser, avec une tendresse exclusive, au travail scolaire de son petit-fils. Pendant son activité militaire, il avait saisi l'opportunité de s'instruire, de lire dans la chambrée et d'observer tout ce qu'il pouvait, au cours de ses périples mouvementés sur le continent africain.

Il ne pouvait cacher qu'il était malheureux, ressassant les souvenirs nostalgiques de son célibat hyperactif et ses immenses remords d'avoir opté pour un retour précipité au pays, sous l'effet d'une nostalgie maladive et de rêveries idylliques. Quand la culpabilité s'emparait de lui, ce perpétuel insatisfait, dur avec lui-même comme avec son entourage, sur lequel il déversait son trop-plein de fiel, cherchait l'oubli dans les alcools forts, auxquels il avait été initié durant son séjour en Afrique ; lorsque ces bouteilles étaient vides, il se rabattait sur une piquette hybride produite par sa vigne.

Son travail l'isolait, et il donnait le change en déambulant dans l'usine, pipe au bec. Chez lui, il s'abritait derrière les volutes d'Amsterdamer qu'il tirait paresseusement du culot de sa bouffarde et qui parfumaient le petit salon. Quand il était de bonne humeur, il demandait à sa femme de lui apporter la petite glace et les ciseaux, pour tailler sa moustache grise au poil dru et sa barbichette Second Empire – c'était du reste sa seule coquetterie, à laquelle il sacrifiait régulièrement. Ses yeux, d'un bleu azur lumineux, souvent glacés, se muaient en sourire, quand il voyait du coin de l'œil l'attention avec laquelle Petit Joseph assistait à l'opération.

Chaque année, calé dans son fauteuil, un verre de schnaps à portée de main, Grand-père remettait le lièvre de Pâques et le Christkindla à ses petits-enfants. Il les gratifiait toujours d'un tel sourire que Grand-mère, déroutée de voir son époux fruste et bougon ainsi métamorphosé, se prenait à croire elle aussi au père Noël ! Grand-mère aimait particulièrement les visites de Joseph, qui apportaient dans sa solitude et son triste univers quelques rayons de soleil. C'était une petite dame délicieuse, de taille mince, au visage fin, où brillaient deux yeux bleus, tendres et malicieux. Elle avait la main sur le cœur, gâtant les enfants du voisinage, comme si c'étaient les siens, de bonbons, de sucettes et même de chocolat : un vrai régal, qu'elle tirait d'une cachette à l'abri de la convoitise de son mari, lui aussi porté sur les sucreries.

Grand-mère savait déployer des trésors de ruses et de câlineries pour désamorcer les fréquents accès de colère du rude colosse dont elle avait fini par prendre la mesure. Quand elle échouait à venir seule à bout des crises, elle appelait au secours son fils aîné, le père de Joseph, ou un collègue de travail prenant l'air près de la clôture du jardin. Humilié et mortifié de s'être laissé emporter pour des futilités, Grand-père lâchait alors, pour se donner contenance et impressionner son entourage, une bordée de jurons qui ouvraient tout droit les portes de l'Enfer. Après l'incident, confus et coupable, il se réfugiait quelque temps au salon ou au jardin, pour réapparaître apaisé, le visage redevenu serein.

Chaque année, Joseph revenait de chez ses grands-parents, le cabas plein de victuailles : à Noël, les traditionnels mannalas, les tresses couvertes de sucre candi, quelques mandarines, des oranges, des pommes, des noix et un petit paquet de crayons de couleur ; à Pâques, le lapin ou la poule en chocolat, l'agneau pascal en biscuit, avec son oriflamme bicolore fichée dans le dos, des œufs de toute taille remplis de liqueur anisée et un sou pour la tirelire. Joseph, heureux, savourait ces fêtes à l'avance, pendant des semaines d'attentes et de préparatifs, désireux de se comporter sagement pour que le père Noël et Knecht Ruprecht n'eussent rien à redire à sa conduite et à son travail en classe, et que le brave lièvre de Pâques ne l'oubliât pas.

Petit Joseph croyait savoir, malgré le scepticisme de la mère, que son père avait quitté l'école à douze ans. La plupart de ses condisciples préférait travailler aux champs, s'occuper dans la maison, gagner quelques sous en jouant au petit domestique dans une famille aisée, ou simplement courir le guilledou dans la campagne. Le pauvre père, qui n'était pas soutenu par les siens, devait parcourir en sabots, par tous les temps, les deux kilomètres séparant sa maison du centre. Tout le monde au village n'avait pas encore compris qu'il fallait savoir lire, écrire et calculer, même quand on était astreint à rester sa vie durant collé au métier à tisser ou derrière la charrue, que la maîtrise de l'alsacien suffisait à communiquer et que toute velléité de promotion était chimérique. En famille, Joseph acceptait mal les vérités approximatives dont les parents recouvraient pudiquement la réalité de l'illettrisme : pour compter, disaient-ils, on avait dix doigts ; lorsque les dépenses étaient importantes, on faisait confiance aux commerçants et aux employés de mairie.

Pendant toute son enfance, le père fut en butte aux moqueries familiales sur l'école, les maîtres et la culture, dont on ne savait que faire ; la seule chose qui importait, c'était d'avoir de bons muscles pour mettre à la disposition des messieurs riches qui voulaient bien les louer. Il n'était pas rare d'entendre dire que ceux qui allaient à l'école étaient de parfaits paresseux, poussés par l'ambition alors que l'apprentissage de la vie se faisait ailleurs. Dans les familles pauvres, on n'avait que faire des prétendus intellectuels : on restait des manuels, de père en fils.

Pendant que Grand-mère tricotait pour une bouchée de pain, toute la journée, des résilles prisées par les clientes fortunées, le père de Joseph passa son enfance à entretenir le potager, à faire les courses chez le boulanger et le boucher du village, ou à préparer les repas. À douze ans, conformément au processus habituel, on lui fit endosser le bleu de travail qu'il ne quitterait plus. Ce fut un soulagement, car il avait hâte d'échapper aux quolibets qui l'accueillaient dans la cour de récréation à chacune de ses apparitions, et aux ricanements sournois qui l'entouraient, chaque fois qu'il s'évertuait à répondre au maître. Il souffrait d'être appelé bohémien parce qu'il habitait dans la cité ouvrière, et ne comprenait pas pourquoi on le traitait de bouffeur de curé alors qu'il n'avait jamais mangé de prêtre.

Malgré les virulentes dénégations de la mère et de son clan, le père était baptisé ; il avait même fait sa première communion, son nom figurait dans le registre paroissial. Certes, le père n'avait dû apparaître que rarement à la table de communion, au confessionnal ou au catéchisme, car ses parents montraient fort peu d'empressement à lui inoculer le virus de la religion. Néanmoins, les mécréants les plus endurcis tenaient à ce que leurs progénitures assistassent au catéchisme et aux offices religieux, alors qu'ils étaient plutôt laxistes et tièdes en matière de fréquentation scolaire. Le seul héritage légué au père fut une vie de labeur, la privation d'espoir de promotion, un état de dépendance, de subordination et de résignation.

Ses vingt-huit ans révolus, il fut nommé contremaître en chef par le patron, qui était conscient de ses compétences professionnelles et de son sérieux, puis titularisé à ce poste dès le départ à la retraite de Grand-père, qui était le seul à s'y opposer, jugeant son fils impropre à tenir ce poste. Ce fut sans doute cette promotion professionnelle rapide qui amena le clan de la mère à autoriser le mariage. Pauvres tous les deux, ils ne pouvaient compter que sur des ressources très maigres, un salaire médiocre et la modeste dot de la mère. Père n'avait pas de budget propre ; il laissait la gestion financière à la mère. Tout petit, Joseph avait pris l'habitude de compter les rares sous du père, dans son vieux porte-monnaie de cuir brun, souple et élimé. La mère lui avait interdit de se payer la chopine le dimanche, après l'office, et il n'était pas en mesure de déposer des offrandes importantes dans les paniers de l'église.

Par quel concours de circonstance le père était-il passé du rouge au noir ? Cette décoloration soudaine avait suscité des remous dans la paysannerie bien pensante, surprise qu'un ouvrier de réputation mécréante ait pu troquer ses convictions anticléricales pour une morale traditionaliste et étriquée. Dans le village, on se méfiait de tout ce qui bouleversait l'ordre des choses. Il avait donc fallu du temps pour que le revirement du père fût reconnu et jugé à sa juste valeur. À présent, cette conversion ultrarapide ne choquait plus les suppôts du clergé, même si elle avait sans doute été une démarche opportuniste, exigée par la belle famille.

La cité

Ni la famille du père, ni celle de la mère n'avaient pignon sur rue. Toutes deux faisaient partie de la classe laborieuse, qui aspirait à se fondre, à force de travail et de sacrifices, dans la masse des propriétaires terriens du village. Ces derniers voyaient d'un mauvais œil ces salariés paresseux s'offrir un petit potager, un carré de vigne ou un pré. Le clan de la mère s'enorgueillissait de gérer une assise foncière relativement bonne, comprenant quatre parcelles dispersées dans le ban villageois. Le grand-père paternel, de son côté, était fier de son verger, dont les fruits et les vignes suscitaient admiration et envie. Il en avait fait son passe-temps favori, et l'unique destination de ses sorties.

Les deux familles occupaient des maisons modestes et discrètes, celle de la mère à quelque distance, dans une rue de la périphérie, et celle du père à la sortie du village, dans une petite cité ouvrière comprenant une dizaine de maisonnettes indépendantes, propriétés de l'entreprise.

Le jeune ménage s'installa dans un appartement aménagé au premier étage d'une ancienne fabrique de cigares, moyennant un modeste loyer d'un franc cinquante. Situé au centre du village, à proximité des écoles et des magasins, ce bâtiment massif, baptisé « cité ouvrière », convenait à la mère car il était éloigné de la famille de son homme, et tout proche du domicile de sa propre mère. Avant de s'y installer, elle avait refusé net une coquette maisonnette à la périphérie de la bourgade, avec un petit potager bien entretenu et clôturé, car elle était sise trop près de la demeure de ses beaux-parents.

La cité ouvrière était le bâtiment le plus haut du village. Elle dominait de sa silhouette disgracieuse l'alignement disparate des demeures modestes de la rue et ressemblait davantage à une forteresse qu'à une maison d'habitation. On la laissait à l'abandon, couverte de son crépi ancien, sale, fissuré. Sur la façade donnant sur la rue, des tuyaux bosselés d'un autre âge déversaient les eaux ménagères des quatre familles en dessinant des auréoles très laides. Ces eaux se perdaient ensuite dans un trou aux odeurs nauséabondes dans lequel les canards et les poules trouvaient l'essentiel de leur alimentation en vers de terre. Cette bâtisse servait de refuge bon marché à une population ouvrière désargentée que le patron cherchait à fidéliser. Du bâtiment d'en face, exposé aux frimas et aux vents d'est, on entendait davantage les beuglements des vaches qui appelaient à la traite que les cris joyeux des enfants sortant de l'école.

Du premier étage, on avait une vue plongeante sur les toits, dans les logements voisins et, dans le lointain, on voyait se profiler la ligne bleue des Vosges. Quand la maisonnée dormait, Joseph se sentait flotter, pris du vertige des hauteurs, oubliant ses malheurs. Puis, dès leur réveil, ses frères transformaient l'étroit logis en enfer bruyant. On accédait à l'appartement par un escalier très raide de quatorze marches, donnant sur un palier avec, pour toute protection face au vide, un garde-fou sommaire en bois sculpté et verni. Aux nombreuses demandes pour sécuriser l'accès aux logements, le patron de l'usine, propriétaire des lieux, répondait cyniquement qu'il n'aurait pas fallu faire des enfants.

Au-dessus se trouvait le grenier, où l'on faisait auparavant sécher les ballots de tabac. Il était parcouru de courants d'air glacés en hiver ; une odeur de nicotine imprégnait ses poutres et s'incrustait dans la lessive qu'on y suspendait. En dépit du bon sens et des risques d'incendie, on y entassait le bois que le père rapportait de la forêt dans sa charrette à bras pour économiser le combustible, et toutes les vieilleries dont on n'arrivait pas à se débarrasser.

Entre les quatre familles de la cité, en permanence épiées par le voisinage, comme un troupeau de bêtes rares, régnait une solidarité qui étouffait dans l'œuf tout contentieux futile. La mère avait commencé par regarder de haut les locataires d'à côté, parce que son mari était contremaître en chef, alors que les trois autres étaient simples tisserands. Mais, craignant d'être mise à l'écart, elle finit par s'intégrer. À la cave, chaque famille avait droit à un carré, protégé par une cloison de lattes et une porte cadenassée, où stocker pommes de terre et carottes.

Par une terrible journée de juillet, les quatre familles se réfugièrent au sous-sol pour fuir les ardeurs du soleil, vidant moult bouteilles de vin, de bière et de limonade, et inaugurant une belle tradition qui les souderait fraternellement dans leur conscience d'appartenir au monde ouvrier. Car les habitants de la cité n'étaient pas comme les autres : ils ne possédaient qu'un bout de jardin et quelques lapins dans le clapier, installé dans les WC désaffectés de l'ancienne usine. Ils formaient un monde à part, ne disposant d'aucune autre ressource que leur force de travail, chichement rémunérée. Le fait d'habiter la cité confortait chez Petit Joseph l'intime conviction d'être à part ; il sentait le regard de compassion supérieure qu'on lui jetait dans la rue, quand il promenait ses trois frères.

Malgré la défiance des adultes, les enfants de la rue et du quartier environnant ne cessaient d'affluer vers l'arrière-cour du bâtiment pour partager goûter et jeux avec la dizaine de gamins de la cité. Souvent privés de jouets, ces derniers développaient d'étonnantes qualités créatrices qui leur permettaient d'organiser d'instinct des activités, les tenant tous en haleine des heures durant. Tous étaient de braves camarades, sans malice ni méchanceté, et Joseph ne comprenait pas pourquoi la mère lui avait interdit de jouer avec eux. Pourtant, il était des leurs : garçons et filles issus d'humbles familles ouvrières et de la petite paysannerie, destinés à servir de valet ou de bonne à tout faire, d'ouvrier ou d'ouvrière.

Pour les garçons, il y avait bien l'échappatoire des deux ou trois ans de service militaire, et puis le retour, fort de l'expérience acquise dans les casernements, le mariage dans les moins mauvaises conditions possibles avec une brave fille, prête elle aussi à accepter une existence médiocre à deux. Le sort des filles était scellé dès qu'elles quittaient l'école, à douze, treize, voire quatorze ans pour les privilégiées : la plupart restaient en famille, comme aide-ménage ou personnel d'appoint dans les fermes ; seules quelques-unes osaient braver la réprobation publique pour s'engager à l'usine. Rares étaient celles qui trouvaient une place de domestique, un apprentissage de femme de ménage ou de couturière. Un emploi rémunéré était pourtant le seul moyen d'échapper à la tutelle parentale, d'acheter quelques fripes et de se constituer une dot.

Le logis, construit en enfilade, avec trois portes donnant accès à trois pièces, dont la cuisine, était des plus inconfortable. Orienté sud, sud-ouest, l'essentiel de l'appartement était en permanence inondé de soleil, surchauffé en été, très agréable en hiver. L'aménagement intérieur était loin d'être satisfaisant, même si la cuisine, au grand bonheur du jeune couple, comportait un évier en grès des Vosges : un vrai luxe pour l'époque, la plupart des ménages devant se contenter de chercher l'eau à l'extérieur.

Petit Joseph n'avait jamais vu de salle d'eau, une rareté dans le village. On se débarbouillait avec les moyens du bord, et ceux qui tenaient au bain complet se rendaient à la rivière, quand elle n'était pas à sec. En attendant des jours meilleurs, il fallait donc se contenter du bac à lessive et, dès qu'il faisait beau, d'une espèce d'auge, placée dans le jardin, dans laquelle les ouvriers de l'usine essayaient autrefois de se défaire de l'odeur de nicotine. La pompe à bras, dont on se servait pour arroser légumes et fleurs, était prise d'assaut pendant la canicule : les enfants de la cité s'y aspergeaient allègrement d'eau fraîche.

Dans la famille, on se lavait une fois par semaine ; le reste du temps, on se décrassait simplement le visage. Pour Joseph et ses frères, chaque dimanche avant la grand-messe, c'était l'épreuve d'un toilettage énergique. Malheur à celui dont c'était le tour de passer en dernier : il en fallait du cran, et de la résignation, pour entrer dans cette eau mousseuse, où le savon de Marseille se mêlait à toutes sortes de saletés ! Mère n'y allait pas de main morte, râpant avec une espèce de bourre de crins les endroits où la crasse avait tendance à s'incruster. À la fin de la séance, les frères se réjouissaient d'être débarrassés pour une semaine, et surtout d'être sortis vivants de l'épreuve.

C'était à peine si, au village, dix maisons disposaient de WC à l'intérieur : peut-être la cure, et le logement des sœurs. Pour la cité ouvrière, des lieux d'aisance avaient été reconstruits dans une dépendance proche, selon des normes modernes : une avancée remarquable en matière d'hygiène, comparée à l'ancien réduit insalubre. Ces quatre cagibis étroits, crépis de neuf et dallés, comportaient un caisson en bois recouvert de planches, dont la pièce maîtresse était percée d'un trou rond, avec un couvercle qu'on ajustait après usage afin de refouler les odeurs et qui, un jour, gondolé sous l'effet de la chaleur et des vapeurs nocives, tomba dans la fosse et ne fut jamais remplacé.

Le vase de nuit, ou pot de chambre, remplissait avec le seau hygiénique émaillé les fonctions de WC ; ces objets faisaient traditionnellement partie du trousseau d'une jeune mariée. Descendre en pleine nuit l'escalier mal éclairé, contourner le bâtiment, puis s'enfermer dans la cabine lugubre : voilà qui n'aurait pas été prudent. La mère avait prospecté dans plusieurs drogueries des environs pour trouver des vases adaptés à la taille de chacun. Ceux de Joseph et du puîné étaient décorés sur le flanc par des scènes alsaciennes traditionnelles, comme la Gänseliesel, ou gardienne d'oies. Avant d'aller en classe, chacun vidait son vase dans le seau, hermétiquement fermé par un couvercle, mais ébréché et oxydé. Puis on allait vider ce dernier dans la fosse, sur le tas de fumier de lapin, voire sur une planche de légumes au jardin.

Chaque soir, on demandait aux garçons s'ils avaient pris leurs dispositions pour éviter que le seau ne soit surchargé de matières. Chaque soir, c'étaient les dernières paroles entendues avant de s'endormir ; il n'y en eut jamais d'autres. Pourtant, les enfants eussent aimé un « bonne nuit ! », voire un baiser. Mais les effusions n'étaient pas dans le genre de la maison. La mère s'en gardait bien, et le père prétendait que c'était du chiqué, de l'indécence et que ça rappelait le baiser de Judas. Petit Joseph en vint même à se demander si les parents s'étaient déjà embrassés, même secrètement. Quant à lui, il n'avait jamais reçu un baiser de quiconque.

Au début, on se sentait à l'aise dans l'appartement du premier étage. Joseph n'avait qu'un petit frère à surveiller ; ils dormaient dans leur chambre, un coin d'intimité qu'on ne pouvait rejoindre qu'en traversant le salon. À mesure que les années passaient, ils s'y retrouvèrent à trois, puis à quatre ; ce fut l'enfer. Désormais, il fallait dormir à deux par lit. Qu'un des quatre fît un cauchemar ou s'agitât trop dans son sommeil, et tout le monde se réveillait. On ne se rendormait pas tout de suite, car il y avait tant de choses à se dire ! Certains matins, les parents, assommés de fatigue et d'une humeur massacrante, leur firent payer cher ces nuits agitées.

Se mettre au lit, dormir devenait pour Joseph une angoisse, car il se devait d'être en pleine possession de ses moyens, le lendemain matin. Des quatre, il avait le plus grand besoin de calme, de se sentir chez lui, sans subir de dérangements intempestifs. De nombreux camarades étaient logés à la même enseigne, dans de vrais taudis sans chauffage. En réalité, c'est à l'école qu'il se sentait chez lui, vivant de l'espoir insensé de connaître un jour une existence moins médiocre. Il aurait aimé pour cela avoir accès au salon, afin d'y effectuer dans le calme ses devoirs scolaires, lire en paix et se nourrir l'esprit. Il rêvait même d'installer un embryon de bibliothèque dans un recoin de la pièce. Mais la mère lui rétorqua froidement qu'un salon était fait pour recevoir des visiteurs, et qu'elle se devait de montrer la belle table en merisier, aux pieds torsadés finement sculptés, le solide buffet alsacien et le divan moderne tout neuf, ce mobilier qu'elle avait acheté avec ses économies de douze années de servitude. Il ne restait plus à Joseph qu'à investir un coin de la table de cuisine, en permanence encombrée par les frères, le couvert du soir et un paquet de linge à repasser.

Aucune des deux chambres n'était chauffée. Celle des parents, côté ouest, à côté de la cuisine, recevait la chaleur du fourneau. Par contre, celle des garçons, à l'est, était une vraie glacière. Quand la température descendait à moins dix, ce qui arrivait fréquemment, il aurait suffi de faire une petite flambée dans le salon, et d'ouvrir en grand la porte de la chambre, pour réchauffer ses occupants. Mais la mère répondit que cela risquerait d'enfumer le salon, de soulever des nuages de poussière, d'abîmer les tapisseries, voire de provoquer un incendie, car le tuyau à angle droit avait tendance à rougir facilement.

Alors, on plaçait au fond des lits briques ou galets chauffés dans le fourneau, et enveloppés de chiffons ou de papier journal, pour éviter de s'y brûler les pieds. La vitre unique de la chambre des garçons se couvrait chaque nuit d'une épaisse couche d'étoiles de givre. Briques et galets refroidissaient rapidement mais, écrasé de sommeil, on ne s'en rendait pas compte. Le froid glacial était responsable des crises de toux, angines, grippes, lèvres gercées et saignantes. On pratiquait une espèce d'automédication : du sucre d'orge pour calmer la toux, des compresses et des tisanes contre la grippe, du beurre rance contre les gerçures et les crevasses aux mains et aux lèvres. Il n'était pas question de déranger le médecin pour ces broutilles ; dans les cas extrêmes, on faisait appel aux sœurs gardes-malades, dont les services étaient gratuits.

Un beau jour, un bruit à peine croyable mais réjouissant se mit à circuler, venant du Parlement : il y avait en discussion un projet de réduction du temps de travail, avec mise en place de la Sécurité sociale, du droit aux congés payés et de l'assurance maladie. Si ces mesures devaient entrer en vigueur, il n'y aurait pas lieu d'agrandir le cimetière, se disait-on au village, le sourire aux lèvres mais sans oser y croire tout à fait : on s'occuperait mieux de la santé, on fréquenterait davantage les médecins, dont les consultations seraient dorénavant gratuites, et de la sorte on enrayerait l'inquiétante mortalité infantile. Malheureusement, l'application de cette considérable réforme fut retardée par le conflit armé qui se profilait ; et ce beau rêve fut jeté aux oubliettes.

Les quatre cents coups

À force d'entendre le voisinage complimenter ses parents pour leurs garçons si beaux et bons, en particulier l'aîné, intelligent et travailleur, Petit Joseph eut besoin de se prouver à lui-même qu'il n'était pas un ange. Enfant de la cité ouvrière, appliqué à être parmi les meilleurs de sa classe pour compenser son handicap social, il avait l'impression d'être toujours de trop et souffrait de l'isolement pénible dans lequel il se sentait relégué. Depuis qu'on lui avait ouvert le ventre, il ne pouvait plus courir, sauter ou grimper aux arbres comme autrefois, par peur de retourner à l'hôpital. Aussi cherchait-il désespérément des domaines où exceller, afin de réduire au silence ceux qui jouaient des biceps pour occuper le devant de la scène.

Entré dans sa septième année, la deuxième à l'école des grands, Joseph caracolait en tête de classe. C'était sa revanche sur le sort, qui l'avait fait naître et grandir dans un environnement où l'on se méfiait de l'école, car elle pouvait détourner l'enfant des réalités de sa condition et lui faire miroiter d'utopiques avenirs. Il avait beau travailler d'arrache-pied, quitte à s'attirer l'incompréhension et le rejet de ses condisciples, la mère refusait de reconnaître ses mérites, quand il rapportait ses bulletins truffés d'excellentes notes et de remarques élogieuses. Le père, très préoccupé par son gagne-pain et les menaces de chômage, y prêtait peu d'attention. Quand Petit Joseph évoqua les encouragements et gratifications obtenus par d'autres élèves pour des résultats bien inférieurs, sa mère sembla se cabrer, puis haussa les épaules et affirma que le mérite en était imputable au seul Bon Dieu, et que lui, Joseph, n'y était pour rien.

Elle craignait que ses fils échappent à son contrôle, et ruinent les projets d'avenir patiemment échafaudés. Elle les voyait tous à l'usine, épaulant le père et perpétuant la tradition ouvrière solidement ancrée dans la famille. Surtout, à l'image de sa propre mère, elle avait besoin d'exercer son pouvoir sur des gens soumis, tout en s'efforçant hypocritement de camoufler son penchant naturel à l'autoritarisme derrière des avalanches de *Pater noster* et de visites à l'église. Privée d'affection parentale, ignorant ce que signifient les mots « amour » et « tendresse », elle ne se croyait nullement tenue d'apporter un peu de bonheur aux siens. On lui avait inculqué depuis toujours que la terre était une vallée de larmes, qu'il fallait faire confiance à la promesse de Dieu de recevoir les pauvres au Paradis et, quand on disposait de peu ou pour ainsi dire de rien, accepter son sort sans rechigner. La mère gérait, du mieux qu'elle pouvait, un budget étriqué : la famille mangeait à sa faim, les enfants étaient décemment habillés. Mais jamais elle ne sut, ou ne voulut comprendre qu'un enfant a besoin de la tendresse de ses parents, et qu'il a le droit d'être aimé, même quand les moyens financiers font défaut.

Un après-midi pendant les vacances, cherchant sans doute à donner un coup de pied dans cette fourmilière rigoriste, Joseph proposa un concours fort éducatif et mobilisateur à son jeune frère. L'aîné, quand il était en confiance, pouvait se révéler facétieux et imaginatif, voire extravagant, au point que son frère ne put faire autrement que de mordre à l'hameçon. Le concours eut donc lieu à l'abri de tout regard indiscret, dans l'étroit cagibi servant de WC. Il consistait à envoyer, assis sur la cuvette, les crachats les plus gros et gras dans un cercle imaginaire, sur la face interne de la porte close. Les deux compétiteurs furent étonnés par l'abondante matière première qu'ils parvenaient à produire, et qui s'écoulait lentement sur la porte, pour former une flaque visqueuse sur le sol cimenté.

Gosiers secs, salive épuisée, les deux champions quittèrent les lieux fiers de leur performance. Par chance, la chaleur de l'été sécha les traces de leurs exploits : les parents, dont les dons d'observation n'avaient pourtant jamais connu de défaillance, ne furent pas alertés. Malheureusement, la mauvaise habitude était prise ; chaque fois que l'un des frères passait par là, il arrosait la porte avec toutes sortes de glaires. Un beau jour, la mère finit par remarquer ce désordre. Sans hésiter, elle tendit à Joseph un seau, un reste de savon de Marseille, une brosse et une serpillière :

– Veux-tu bien me nettoyer toutes ces saletés, grossier personnage ! Avec ça que tu donnes le mauvais exemple à ton petit frère...

L'imagination des enfants du village leur faisait inventer mille jeux saugrenus qui tombaient généralement sous le coup du sixième commandement, parce que concernant la partie de dessous la ceinture. L'abbé en eut vent et tança les parents négligents qui laissaient les enfants livrés à eux-mêmes. Ces derniers furent morigénés d'importance, y compris Petit Joseph, qui n'y voyait que broutille, péché véniel, en comparaison de la faute mortelle qu'il commit un jour. Car, comme on le lui serinait sans fin, qui volait un œuf ne se gênerait pas pour voler un bœuf. Le père avait même l'habitude d'ajouter qu'il ne voudrait plus d'un fils accusé de chapardage et que, si tel devait être le cas, il autoriserait la justice à l'enfermer dans une maison de redressement.

Or le père, qui n'était pas fumeur, avait ramené d'une période militaire un paquet de Troupes entamé, abandonné depuis lors sur l'étagère du buffet de la cuisine, tel un appel lancinant. À sept ans, Petit Joseph connut ainsi sa première grande tentation. Il ne désirait pas mal agir en conscience, ni perdre la confiance de son père. Mais il en avait assez d'être un garçon soumis. Cette première cigarette, se disait-il, ferait de lui l'égal des ouvriers agricoles, des gens du bâtiment et même du forgeron qui ferrait chevaux et bovins avec un mégot éteint au bec, dont il tirait le jus avec délectation.

Ce jour-là, donc, la mère avait cuisiné une épaisse soupe de légumes, suivie d'une tarte aux quetsches. Vaisselle faite, Petit Joseph vérifia que le père était parti à l'usine, que la mère vaquait aux travaux du jardin et que le reste de la maisonnée dormait. Puis il se saisit d'une chaise, grimpa sur le buffet, s'empara du fameux paquet, en tira d'une main tremblante une unique cigarette, remit le paquet en place, déroba la boîte d'allumettes familiale et s'enferma dans le cagibi des WC. Par peur des incendies, il était interdit aux garçons de toucher aux allumettes, qu'on rangeait dans un recoin de la cuisine, hors de portée des plus petits. Joseph, qui reconnaissait à l'allumette une parcelle de pouvoir diabolique, hésita longtemps avant de passer à l'acte, imaginant l'incendie dans lequel il se consumerait comme les âmes damnées en Enfer. Il finit par allumer bravement la cigarette, aspirant énergiquement la fumée âcre qui le fit tousser et oublier l'allumette incandescente, qui lui brûla le bout des doigts.

À sa grande déception, il n'y trouva aucun plaisir. Ayant assumé le risque de contrevenir aux bonnes mœurs et de pécher contre le commandement interdisant le vol, il continua d'aspirer la fumée et de tousser, jusqu'au moment où, pris de vertige, il sentit remonter soupe et tarte aux quetsches. La sueur lui coulait sur le front et la nuque ; il se mit à vaciller. Un éclair de lucidité lui fit jeter ce qui restait de cigarette dans la fosse, puis il ouvrit machinalement la porte du lieu d'aisance et, laissant s'échapper l'odeur qui pouvait le trahir, courut se réfugier derrière la maison pour rendre à la terre le contenu de son estomac. Le brave homme qui habitait au premier étage avait suivi la scène ; il tira énergiquement sur le culot de sa pipe pour produire le maximum de fumée, afin de recouvrir l'odeur de la cigarette militaire et offrir un leurre au subtil odorat de la mère.

Le visage de Petit Joseph était livide, et fripé comme du papier mâché. Il se rinça la bouche et s'aspergea le visage à la pompe du jardin, avant d'aller avouer à la mère qu'il était barbouillé pour avoir commis le péché de gourmandise avec la tarte aux quetsches. Il restait toutefois au fond de lui un sentiment de malaise, de couardise et de pusillanimité. Se surprenant en flagrant délit de mensonge, Joseph se demanda qui pourrait encore le croire, quand bien même il dirait la vérité ? Après avoir récité quelques *Ave Maria* et *Notre Père* en guise de pénitence, il pensa être quitte avec Jésus. Certes, en bravant l'interdit, il avait commis un grave péché. Mais il n'en éprouvait ni remords, ni culpabilité. Petit Joseph avait grandi.

Entre deux feux

Comme une revanche discrète et modeste sur le sort, les performances scolaires de Petit Joseph lui permettaient de gagner le respect de ses condisciples, quand bien même la majorité d'entre eux ne considéraient pas l'école comme leur préoccupation première. Quant aux compliments des adultes, il les acceptait avec un air faussement détaché, mâtiné d'un soupçon de suffisance, car il y devinait quelque frustration qu'aucun enfant de la paysannerie locale ne figurât à ses côtés dans le palmarès.

La plupart attendaient comme une libération la fin de l'année scolaire, et les travaux des champs. Joseph et quelques autres regrettaient quant à eux la lecture dans le recueil de contes qui servait d'entraînement aux plus avancés. Il aurait souhaité rapporter l'ouvrage à la maison, mais on lui fit comprendre que l'école ne le prêterait pas. Il rentra donc avec le sac vide et une coriace appréhension devant les semaines d'inactivité culturelle qui l'attendaient, car il avait été décidé, sur injonction du clergé, qu'il ne fallait pas polluer les esprits des enfants avec des lectures profanes. Seule tentation : une revue et un hebdomadaire édités à Strasbourg, sous l'égide des autorités ecclésiastiques, traînaient bien en évidence sur le buffet de la cuisine.

Paradoxalement, Joseph ne devait en rien sa réputation aux résultats scolaires. Tous, grands et petits, lui reconnaissaient d'éminents talents de boute-en-train et d'organisateur de jeux pendant les récréations. On lui devait de nouvelles règles aux billes, à saute-mouton, au ballon prisonnier ou au jeu de conquête. En classe, on lui jouait de mauvais tours, mais dans la cour il était respecté et écouté. Quelques grands du certificat d'études lui proposèrent de prendre, à la tombée de la nuit du 13 juillet, flambeau révolutionnaire en main, la tête du cortège républicain célébrant la prise de la Bastille et, du même coup, la fin des études primaires et le début des vacances. Heureux de cette reconnaissance, Petit Joseph était fier de marcher au premier rang de la cohorte de jeunes braillards, avec la consigne stricte d'assurer une progression régulière dans le long chemin forestier creusé de profondes ornières, plongé dans une obscurité que son imagination peuplait de fantômes. C'était la première fois qu'il cheminait sur cette sente réputée être le lieu de rencontre, de jour ou de nuit, des couples d'amoureux en quête de discrétion.

La brise estivale envoyait au visage de Joseph des bouffées d'air chaud, mêlées à la fumée âcre, épaisse, et aux escarbilles du flambeau qui se consumait sans éclairer. Derrière lui, le cortège avançait en accordéon, occupé à chanter, discuter ou débusquer les amoureux qui profitaient de la nuit pour s'offrir un peu de bonheur. Les grands du certificat d'études, que les filles de la classe attendaient au bout du chemin, essayaient de pousser le gros du troupeau, qui cherchait de son côté à prolonger au maximum l'autorisation parentale exceptionnelle. Mais les filles n'étaient pas au rendez-vous. Les grands, déçus et blâmant l'inconstance féminine, prirent la tête du cortège pour rejoindre le village et ramener leurs cadets sains et saufs, avec leurs lampions, sur la place de l'église où les attendaient parents, voisins, frères et sœurs. La place grouillait de monde ; le village en émoi s'apprêtait à profiter de quelques moments de détente dans la douce nuit estivale.

Perdu dans la masse, profitant de l'obscurité, le groupe des filles attendait, plutôt mal à l'aise et embarrassé, que les garçons s'approchent, afin de leur expliquer que les parents leur avaient interdit de se promener de nuit dans la forêt, à cause du risque de mauvaises rencontres. Elles étaient malgré tout venues nombreuses, pour témoigner de leur bonne foi. Il fallut peu de temps pour se raccommoder; garçons et filles se dirigèrent bientôt, bras dessus, bras dessous, en chantant *La Marseillaise*, vers la place de la mairie, rutilante de guirlandes et de lampions tricolores électriques. Tout était prêt: la piste pour les danseurs, le kiosque pour les musiciens, bancs et tables pour les consommateurs et un manège pour les plus petits.

Ce fut une nuit de liesse, d'ardeur républicaine et de flonflons patriotiques. Le lendemain, eut lieu le défilé des pompiers et de la musique municipale le long de la rue principale du village; la plupart des maisons étaient pavoisées. Sur la place de la mairie régnait une ambiance fraternelle inédite, sans doute due au besoin de se payer un peu de détente et de convivialité face aux difficultés dont tout le monde pressentait l'imminence. Bien que disposant d'un faible budget, les autorités avaient consenti à offrir à chaque citoyen adulte, pour célébrer la République, une bière pression, une chopine de sylvaner ou de rouge, et un gros verre de limonade pour les jeunes. Le soleil tannait les peaux et desséchait les gosiers, de sorte qu'on vida plusieurs tonnelets de bière, à la grande satisfaction de la société de gymnastique chargée d'organiser la fête. Parmi les visiteurs de marque, en plus du sous-préfet, Monsieur le curé en personne fit une rapide apparition, accompagné de l'abbé et d'un dominicain: leur présence symbolique soulignait l'attachement du presbytère à la République.

Triste et solitaire, Joseph se tenait près de la piste de danse qui ne désemplissait pas. La mère lui avait accordé une sortie exceptionnelle, sur intervention spéciale de la voisine. Mais, incapable de trouver son bonheur dans la foule, il enviait ceux et celles qui, parfaitement à l'aise, réussissaient à s'intégrer, en déployant boniments et plaisanteries.

Avec le début des vacances commencèrent les manœuvres de recrutement visant à étoffer les effectifs respectifs de la chorale et de la troupe des servants de messe. Le curé, qui disposait d'un groupe de servants pléthorique, se lança néanmoins dans la surenchère pour ennuyer son ennemi intime, le directeur de l'école des grands, en cherchant à détourner du chant choral l'un ou l'autre enfant. Ainsi furent perdues quelques belles voix cristallines, qui auraient pu étoffer la partie soprano de la chorale, qui s'étiolait dangereusement. Certains proposèrent alors, pour combler ce déficit, de faire appel à des voix féminines. Mais le directeur de la chorale jura qu'on ne le verrait plus si une femme était autorisée à monter à la tribune, exclusivement réservée aux hommes.

Compassé dans son vieux costume trois pièces gris clair, râpé aux coudes et dégageant une forte odeur de naphtaline, le directeur organiste gardait rancune contre le clan de la mère car, de nombreuses années en arrière, les deux oncles, qui possédaient d'admirables voix, avaient refusé de s'inscrire à la chorale. Dès qu'il sut que Petit Joseph faisait partie de la famille de Charles et Joseph, il se présenta à deux reprises à la maison pour tenter de convaincre la mère de lui confier son fils ; mais celle-ci allégua une promesse envers la Providence divine.

Alors que Petit Joseph était mourant, ses parents avaient juré, autour de son lit d'hôpital, d'envoyer leur fils au séminaire, au cas où celui-ci sortirait vivant de l'épreuve. Une promesse était une promesse, et il fallait témoigner de sa gratitude envers le Ciel, qui avait épargné la vie de Joseph, car le parjure serait sans doute sanctionné par des malheurs survenus autour et dans la famille. Or être servant de messe le préparerait mieux au séminaire que le chant choral. La désastreuse fin de non-recevoir que la mère opposa au maître d'école, à qui personne ne résistait, ressuscita le souvenir de la grave rebuffade subie du temps de la grand-mère. Cet affront fut d'autant plus difficile à encaisser qu'il émanait d'une famille pauvre, et que la mère avait cru bon d'ajouter que son fils aîné ferait un choriste très passable, étant donné son manque de talent et de persévérance, ultime preuve de mauvaise foi dont son interlocuteur n'avait pas été dupe.

Le garçon s'imaginait déjà, tête respectueusement inclinée, en train d'évoluer devant le Saint des saints, répliquer au prêtre en latin, lui présenter les burettes d'eau et de vin blanc provenant du vignoble tunisien des Pères blancs, faire tinter le grelot aux moments décisifs de l'office... Quand il serait enfin parvenu au sommet de la hiérarchie, il pourrait – privilège suprême – manier avec élégance l'encensoir ! Il se plaisait aussi à l'idée de porter un jour le crucifix, au premier rang du cortège funèbre, et de prendre place, lors de la procession de la Fête-Dieu, devant le baldaquin où l'officiant portait l'ostensoir à travers les rues du village, semées de pétales de fleurs, de buis et de feuilles de laurier.

Petit Joseph ne savait rien de l'entrevue, ni surtout de l'arrogance de la mère. Le lendemain matin, veille de l'Ascension, au cours de la première heure consacrée au calcul, le directeur arriva à sa hauteur dans la rangée, sans faire particulièrement attention à lui. Il semblait détendu et rien ne trahissait une quelconque contrariété ; son regard fouineur fixait déjà la rangée suivante tandis qu'il s'avançait, les deux mains nouées dans le dos. Exceptionnellement, il n'avait fait aucune remarque : pour la première fois depuis la rentrée, il semblait considérer que les ongles des quatre élèves de la rangée de Joseph étaient proprement récurés, leurs oreilles débarrassées de la crasse, leurs cahiers d'exercices sans coin écorné. Tout à coup, il effectua une volte-face, fixa le pauvre Joseph d'un œil courroucé et lâcha brutalement :

– Dans votre famille, vous êtes tous des lâches !

Surpris par cette remarque cinglante, très appuyée pour que tout le monde pût l'entendre, Joseph aurait souhaité disparaître sous terre, tant il avait honte sans en connaître la raison. Ce « vous », c'était qui ? Jusqu'à ce jour, il n'avait quant à lui jamais lâché quelqu'un, et ses petits frères sortaient à peine des langes. Il ne comprit que plus tard, en rentrant chez lui, que la mère avait signifié au directeur sa décision d'inscrire son fils sur la liste d'attente des servants de messe. Sans s'inquiéter des conséquences que ce choix aurait pour lui, la mère n'avait cherché qu'à préserver ses relations privilégiées avec le clergé.

Toutefois, dans le clan décidé à vider enfin une querelle qui avait trop duré, personne n'ignorait que le corps enseignant était sensible aux gestes de gratitude. Quand la conduite ou les résultats d'un enfant n'atteignaient pas le niveau des espérances placées en lui, certains parents tentaient d'acheter l'indulgence d'un maître en lui offrant un morceau de jambon ou de lard, une douzaine d'œufs ou un bouquet de fleurs. La grande majorité refusait de recourir à ces procédés, persuadée que contrevenir aux principes d'une éthique élémentaire mettrait en péril, au bout du compte, l'intérêt des élèves.

Le clan de la mère opta cependant pour ce moyen infaillible d'amadouer le terrible directeur qui, devant toute la classe, avait osé s'attaquer à la famille. Petit Joseph fut donc chargé de remettre une bonne douzaine d'œufs à l'enseignant, en insistant sur le fait que c'était un gage de réconciliation. Un jour, alors que la classe était alignée dans le couloir, Joseph remit le paquet à son destinataire. Sans un mot de remerciement, ce dernier posa distraitement le colis sur son pupitre. Ayant à cœur de préserver sa réputation de sévérité devant les élèves, il entendait montrer qu'on ne pouvait pas l'acheter.

Joseph vécut très mal cette période de disgrâce, qui aboutissait insensiblement à une sournoise marginalisation et à la perte définitive de l'audience et de l'estime péniblement acquises auprès de ses camarades. Il était certes naturel que la classe se mît du côté du professeur, plutôt que de celui d'un élève habitant la cité. Mais il ne lui échappait pas qu'il y avait quelque injustice à traiter les enfants en fonction du volume du fumier, de la quantité de bovins ou de chevaux, de la production laitière et du troupeau de porcs dont disposait sa famille...

Le corps enseignant ne dormait pas sur l'or, les traitements étant calculés au plus juste. Mais, dans les villages, la profession était honorée, auréolée de l'estime que lui conférait le savoir intellectuel. Par une chance unique, quelqu'un de la famille du directeur avait tiré le numéro gagnant à la loterie nationale, ce qui lui permit de quitter sa modeste demeure au fond d'une impasse. Ayant fait construire au centre du village, à l'ombre du clocher de l'église, la plus belle villa des environs, il y logea toute sa descendance, qui formait une caste distante, élégante et fière de hobereaux de campagne, respectés par tous parce que riches et instruits. Le directeur était devenu un personnage incontournable dans le village pour avoir accepté, à la sortie de l'École normale, de s'occuper de la chorale comme d'autres prenaient en charge le secrétariat de mairie.

Que pouvait faire une pauvre famille ouvrière, tombée en disgrâce pour avoir bravé le pouvoir absolu d'un Monsieur qui incarnait l'autorité, à l'école, aux orgues et dans son manoir ? Que pouvait faire Joseph face à ce colosse, petit de taille, mais investi des pleins pouvoirs sur une communauté de gens simples ? En classe, il faisait comme si de rien n'était, le doigt toujours levé pour montrer sa bonne volonté d'élève attentif, studieux et assidu. Sans doute, cet empressement parut excessif au maître, qui lui tournait systématiquement le dos pour interroger les autres. C'était la douche froide pour le garçon, qui était parfois le seul à connaître la bonne réponse.

La révolte

Tout bien pesé, Petit Joseph regrettait d'être affecté au service de la messe. Contrairement aux promesses faites, il restait confiné au bas de l'échelle des servants supplétifs, sans perspective de promotion, derrière les plus anciens cramponnés à leur poste.

Était-il humain d'obliger un garçon de huit ans à rester figé à genoux sur les marches de l'autel ? Pour se changer les idées, il tentait d'entrer en contact avec son voisin, qu'un grade supérieur autorisait à se détendre les jambes en venant présenter les burettes à l'officiant, et à actionner la clochette avec un plaisir non dissimulé, au moment du *Sanctus*, de l'élévation et de la communion. Las ! Le curé, qui avait gardé une ouïe intacte malgré son âge, se retournait ostensiblement pour leur imposer le silence.

Par ailleurs, Joseph était incommodé par les épaisses volutes d'encens que le chef des servants se faisait un honneur de répandre dans le chœur, après avoir déposé force gommes aromatiques sur les braises de l'encensoir, en dépit des instructions du curé qui exigeait qu'on fasse des économies. Allergique à l'encens, Joseph se contentait volontiers d'ouvrir le cortège, portant la croix lors des enterrements, de la Fête-Dieu ou des Rogations.

Contrairement aux choristes, le servant de messe évoluait devant le peuple des fidèles, pour la plus grande fierté des parents. Aussi la concurrence jouait-elle à fond et les défections étaient-elles très rares. Joseph s'était appliqué à ingurgiter en peu de temps tous les répons, dans la ferme intention d'obtenir une fulgurante promotion pour donner à la mère de quoi pavoiser. À force de se consacrer corps et âme à l'apprentissage du latin, il finit par s'y intéresser pour de bon, et il ne tarda pas à être affublé du surnom de « M. Amen ». Persuadé que ce goût pour le latin ne servirait qu'aux offices religieux, il fut surpris quand un aîné, scolarisé dans un collège épiscopal, lui apprit que le latin et le grec ancien étaient inscrits comme épreuves obligatoires au baccalauréat classique.

À l'église du village, la place de chacun était précisément assignée : les hommes à droite, les femmes à gauche, les enfants devant, garçons à droite et filles à gauche. Les premières rangées étaient réservées aux notables et aux paysans aisés, puis venaient les ouvriers et la petite paysannerie. Au fond, en rangs serrés, se tenaient les chrétiens de la dernière heure, les mécréants que leur femme envoyait à la messe pour préserver l'honneur de la famille. Sous la tribune des orgues, ils se tenaient prêts à décamper vers l'un des deux bistrots proches pour une partie de cartes, en dégustant une chopine de blanc d'Alsace ou un demi pression. À midi, heure fatidique, la salle enfumée se vidait, car les ménagères restées au fourneau ne toléraient aucun retard, sous peine de trouver porte close ; parfois, une terrible scène de ménage rendait invivable le reste de la journée, voire de la semaine à venir. Ne restaient au café que les célibataires endurcis et quelques veufs.

Dans ce lieu de culte et de prière, Petit Joseph avait ainsi pu observer diverses ségrégations : entre hommes et femmes, entre riches et pauvres, entre pratiquants inconditionnels et occasionnels, en fonction de la taxe dégressive affectée aux places, qu'on payait en début d'année. À partir d'un certain âge, les femmes s'y voyaient imposer le port d'un couvre-chef, ce qui l'intriguait. Et pourquoi devaient-elles porter le deuil, comme si la vie s'arrêtait pour elles, quand elles avaient perdu mère, grand-père ou mari ? Était-ce, comme on le prétendait, parce que la femme n'avait pas d'âme ? Joseph avait encore du mal à comprendre pourquoi les nouveaux-nés non baptisés qui mouraient étaient relégués dans l'anonymat d'une fosse commune. Il se demandait, à juste titre, quel chrétien pouvait refuser à des innocents une sépulture décente. Quand la mère eut le malheur de perdre une petite fille en couches, le secret fut gardé et on ne put jamais savoir où reposaient ses restes. Une chose était certaine : Joseph l'avait échappé belle, puisque s'occuper d'une petite sœur aurait été la plus grande des catastrophes !

À l'approche de ses neuf ans, Petit Joseph commença à prendre conscience de l'état d'indigence intellectuelle, spirituelle et affective dans laquelle sa famille le maintenait. Par moments, il lui semblait qu'il avait assisté passivement, en spectateur privé de jeux et de joies, au déroulement des premières années de sa vie. À peine levé, il devait se mettre au travail ; quand son énergie et son application mollissaient, les parents lui rappelaient qu'il devait apprendre, comme eux-mêmes dans leur enfance, à gagner sa vie à la sueur de son front. La terre était une vallée de larmes pour les pauvres, disaient-ils, mais, en fonction de ses efforts, le Bon Dieu lui réserverait une place pour l'éternité au Paradis.

Quand Joseph était en butte aux moqueries et aux attaques de ses condisciples, la mère en imputait la faute à son orgueil, au mauvais caractère hérité de son père et à son désir de se distinguer à tout prix. En famille, il fut fermement invité à éviter de faire des vagues, et à chercher plutôt à se faire oublier. De même, il avait appris à ses dépens que sa volonté d'occuper le sommet de la classe l'exposait au rejet de ses pairs. Pourtant, loin de chercher à évincer qui que fût, il n'espérait que la satisfaction de démontrer à tous, parents et enseignants, qu'un enfant de la cité ouvrière si décriée pouvait prétendre aux mêmes égards et à la même réussite qu'un rejeton d'un milieu plus privilégié. Joseph s'imaginait naïvement qu'une certaine solidarité, transcendant les réalités sociales au nom des droits de l'intelligence, le liait à ses camarades en situation de réussite scolaire, formant un groupe soudé pour affronter l'ironie et l'agressivité des autres.

Il lui était de plus en plus pénible de supporter sa solitude. Déterminé à conquérir l'amitié des autres élèves, il décida en secret de glisser volontairement quelques fautes stupides dans une dictée, pour permettre à trois ou quatre condisciples qui le talonnaient de se hisser à son niveau. Manière pour lui conclure une trêve, qui pourrait lui servir de bouclier contre l'infinie méchanceté de certains enfants. Il était arrivé à un degré de découragement tel que la perspective de voir ses notes baisser le laissait indifférent. En cas d'échec, il renoncerait définitivement à s'intégrer, pour ne plus compter que sur son capital de résistance. À son grand désarroi, cette stratégie minutieusement élaborée échoua. Dans la journée même, toute l'école fut mise au courant de sa chute, et on porta au pinacle avec une certaine délectation les deux élèves qui étaient parvenus à détrôner l'invincible dans un exercice d'une très grande facilité.

Au contact des dures réalités de la vie scolaire, Petit Joseph perdit ainsi une bonne part de son enthousiasme. À force de vouloir bien faire, le fils de la cité, souffrant de handicaps sociaux et de complexes d'infériorité, finit par être rejeté. Mortifié, il décida de ne plus participer en classe, de se tasser sur son banc et de faire le mort. Mais ce brusque changement manquait de spontanéité et de naturel. Joseph comprit qu'on avait besoin de lui, d'une certaine manière. Changeant son fusil d'épaule, il se mit alors à bavarder partout, en classe, en cours de religion, à l'église, et même comme servant de messe stagiaire. Pour qu'on l'accueille comme élément du groupe, il lui fallait, du moins en apparence, accepter de jouer au caméléon, se faire punir, voir ses notes baisser et gagner en agressivité. Paradoxalement, ce brusque virage ne fut apprécié que parmi les plus indisciplinés, qui l'adoptèrent aussitôt, partageant brimades, punitions et retenues.

Le destin scolaire de Petit Joseph bascula. Jusqu'alors, docile par nature, il n'avait jamais connu le châtiment corporel ; à présent, le maître s'acharnait contre lui, au gré de ses caprices. Il connut les coups de baguette ou de règle sur les doigts, main ouverte à plat. Le maître se faisait un malin plaisir de le soulever par les cheveux des tempes, plutôt que par les oreilles, parce que ça faisait plus mal. Et puis, il y avait le châtiment suprême : la volée de coups sur le postérieur, allongé sur le banc. On endurait crânement, avec parfois la larme à l'œil ; la classe s'était passé le mot de garder le sourire, dans l'espoir de confondre l'instituteur que l'effort rendait cramoisi.

S'il n'était pas officiellement encouragé, le châtiment corporel à l'école était toléré. Dans le village, un consensus existait avec les familles, même si certains auraient souhaité plus de discernement dans la répression. Joseph se sentait profondément humilié par cette brutalité du maître, qui avait perdu toute légitimité à ses yeux. Il se demandait si cette violence, qu'il provoquait par défi, n'était pas le signe même de l'impuissance du directeur face à certains élèves, qui appelaient pour ainsi dire les coups. Cet unique moyen à leur portée de se rappeler au souvenir du maître et d'exister était en réalité un geste de bravoure et de provocation contre une autorité dévoyée.

Il en allait de même à la maison, où certains jugements à l'emporte-pièce de la mère mettaient Joseph dans l'embarras, quand ils contredisaient les propos de l'abbé catéchiste. Pourquoi s'était-elle emportée contre les lithographies, trop suggestives à ses yeux pour un livre pieux, contenues dans la Bible que le prêtre avait distribuée à chaque élève au début de l'année scolaire ? De fait, la feuille de vigne dont Adam et Ève, qui s'étaient découverts nus, se cachaient le bas-ventre provoquait plus de questions que de réponses. Outrée, elle prédit à brève échéance la fin de l'Église, imputant cette évolution dommageable aux nouvelles promotions de jeunes prêtres. Quel que fût le sujet, elle opposait aux questions de son fils les préceptes inamovibles d'une morale mortifiante, selon laquelle chacun devait se contenter de ce qu'il était et de ce qu'il avait, puisque telle était la volonté du Ciel. Mais les fables du catéchisme, comme l'histoire du chameau qui ne pouvait traverser le chas d'une aiguille, faisaient maintenant sourire Joseph, qui n'y croyait plus.

Ce fut le début de la contestation. Il s'enhardit jusqu'à dire à la mère qu'il était faux de prétendre que la terre était une vallée de larmes. Tout n'était pas nécessairement mauvais ; les hommes n'étaient pas tous iniques ; malgré les injustices, les drames et les conflits, il y avait du beau et du bon sur terre. À rebours de l'image d'un Dieu courroucé et vengeur, qui menacerait de punir la turpitude humaine, les violences et les guerres et de déchaîner un second déluge afin d'anéantir la vermine en n'épargnant que les bons chrétiens, Joseph croyait que Dieu ne pouvait ni tolérer ni cautionner le mal, sauf à Se déjuger, et qu'Il laisserait aux humains toute liberté de se condamner ou de se sauver, en attendant le Jugement dernier. Les descendants de ceux qui avaient eu l'outrecuidance de tuer Jésus-Christ ne pouvaient nullement être tenus responsables de ce qu'avaient fait leurs ancêtres, deux mille ans auparavant.

Écrasée par sa dure condition de femme d'ouvrier, de mère de famille nombreuse tremblant chaque fin de mois de manquer du nécessaire pour nourrir six bouches, la mère prit ouvertement, au nom de la religion, le parti du patronat, qu'elle considérait être sur le plan du monde profane ce que le prêtre était pour le sacré. Le patron était celui qui donnait le pain, le représentant de Dieu sur terre, dont la mission consistait à régler les problèmes matériels en Son nom, en veillant à la juste répartition des richesses produites. La mère avait un grand respect pour les brasseurs d'affaires du village, dont quelques-uns assistaient fidèlement aux offices, offrant ostensiblement une bonne obole au servant quêteur. Il n'échappait pourtant pas à Petit Joseph qu'à peine franchi le seuil des lieux saints, ils reprenaient sans remords et avec un naturel parfait leurs activités d'affairistes professionnels, uniquement préoccupés du cours de la viande de porc, de la valeur d'une parcelle de terrain agricole, du prix d'achat de telle ou telle propriété.

Le garçon se risqua donc à répondre à la mère qu'il n'était pas normal qu'en l'espace de deux générations les dirigeants de l'usine eussent pu voir sortir de terre un très beau manoir, perdu dans la verdure d'un grand parc d'agrément, alors qu'eux vivaient à l'étroit dans un appartement trop exigu pour six, ne disposant que d'un petit carré de terre, où l'on faisait pousser tant bien que mal quelques légumes ; ou que le patron se déplaçât en Traction avant, alors que le pauvre père se rendait quotidiennement au travail sur une bicyclette rafistolée et déglinguée... À n'en pas douter, le patron menait la belle vie dans son château, alors que la moindre demande d'augmentation de salaire ne rencontrait jamais aucun écho. Devant cette charge inattendue, le père se tut, et la mère se fâcha pour de bon :

– Mauvais fils ! Tu n'es qu'un garçon méchant et paresseux... Ah, tu refuses d'aller un jour à la fabrique ? Ah, tu fuis le travail ? Tout ça pour te lancer dans des études dont on ne verra jamais le bout... Mais c'est une vraie lubie, de vouloir faire comme les enfants des riches ! Tu ne comprends donc pas que, si tu continues comme ça, le patron nous renverra un jour de cette maison. Fils ingrat, tu seras le premier clou de mon cercueil !

Joseph finit par se lasser de ces sermons, qui proclamaient que les pauvres devaient s'armer de patience et se défaire des tentations de l'envie, tandis que les riches songeraient au juste partage des biens. Le curé, quant à lui, logeait dans une cure très confortable ; il avait à son service une gouvernante dévouée, bonne cuisinière ; il touchait de l'État – qu'il n'appréciait pas trop – un traitement régulier de fonctionnaire ; il se faisait payer les services aux fidèles selon des prix tarifés... Et il se permettait de donner des leçons d'humilité, alors qu'il était à mille lieues de comprendre ce que vivre dans le besoin signifiait, en termes d'infériorité et de subordination !

Le combat des chefs

Cependant, le bruit de bottes se précisait en Europe ; après l'invasion de la Pologne amie, la menace d'un conflit armé se faisait plus pressante. Mais il fallait bien continuer de vivre...

Chaque année, les rangs des plus anciens de l'école se dégarnissaient régulièrement vers la mi-juin, comme si les parents se livraient à une concurrence acharnée pour assurer au plus vite à leur progéniture une place en apprentissage ou un emploi de gratte-papier. Joseph entrait dans sa dixième année ; dans deux ans, ce serait son tour de connaître les affres de l'orientation. Il se savait assez doué pour se lancer dans les études, mais comment échapper à l'entrée immédiate dans la vie active ? Il manquait de tout ce qui aurait pu augurer d'une probable réussite : la famille avait beaucoup de mal à joindre les deux bouts, les parents se méfiaient de son ambition, et il dormait avec deux de ses frères dans la même pièce.

Joseph désespérait de trouver quelqu'un qui consentît à le renseigner sur les démarches à entreprendre pour entrer au lycée, le niveau exigé, le montant des frais de scolarisation. Au fond de lui-même, il entretenait l'espoir de franchir avec succès ce premier palier décisif, au moment de choisir entre une place chez un artisan ou dans un atelier, avec éventuellement en poche le certificat d'études dont la mère se serait contentée, ou l'entrée en sixième pour poursuivre une scolarité au long cours.

Face aux adultes, Petit Joseph était constamment sur ses gardes ; la peur d'échouer ou de mal faire absorbait toute son énergie, détruisait ses aspirations au bonheur et le rendait irritable, solitaire, méfiant envers le monde adulte. Épuisé par cette tension continue, il ressentait un impérieux besoin de trouver quelques moments de détente. Les jours de semaine n'étaient, du lever au coucher, que harcèlement incessant ; même la vie à l'école devenait par moments un vrai calvaire. Les dimanches, jours du Seigneur et du bain hebdomadaire, étaient également traversés de crises, de vaines querelles à table, puisqu'on avait du temps à perdre jusqu'à ce que sonnent les vêpres.

Contre cet ennui dominical, le village offrait peu de distractions. Grands et petits ne souhaitaient qu'une chose : que les dimanches passent le plus vite possible, pour qu'on puisse se remettre au travail. Il n'y avait guère que le football pour mobiliser les énergies désœuvrées, le club local ayant formé deux équipes, avec un match sur place chaque dimanche autour des quinze heures, que Joseph regardait régulièrement. Pour beaucoup de grands adolescents, la partie de football était l'occasion de rencontrer des filles un peu délurées.

Joseph observait les allées et venues de ces jeunes gens. Ah ! Que n'avait-il leur âge... Il aurait tant voulu, comme eux, gagner sa vie, rire et s'amuser, profiter de l'instant, avant de retrouver le travail le lendemain, ragaillardi par ces instants partagés avec les filles ! Décidément, la vraie vie se trouvait hors de l'école et de la famille. Soupirant, il se sentait presque prêt à s'engager à la fabrique ou en apprentissage, pour connaître la griserie de ces dimanches après-midi... Mais une voix intérieure le faisait bien vite revenir à la réalité, lui enjoignant d'abandonner ces rêves futiles et de trouver plutôt les moyens d'étudier.

C'est dans l'arrière-salle d'un bistrot, transformée pour la circonstance en cinéma, que Joseph vit le premier film de sa vie. La mère dut regretter de l'avoir emmené avec elle voir ce film de guerre, retraçant la vie des Poilus dans les boyaux d'un champ de bataille, quelque part sur le front d'Artois. Lorsque Hitler convoqua les responsables français et anglais à Munich, la population du village, jeunes et adultes, se vit chaudement recommander de voir ce chef-d'œuvre de propagande, censé faire comprendre à l'opinion publique qu'en France on était toujours les meilleurs, malgré les vociférations venues de l'autre côté du Rhin.

Depuis des mois, le dimanche après vêpres, les enfants du village, trop jeunes pour participer au match de football, se battaient contre ceux de la bourgade voisine. Les affrontements avaient lieu à deux kilomètres, de part et d'autre d'un ruisseau servant de ligne de front. Le film donna à Joseph l'idée de prendre part aux combats. Rien au monde n'aurait pu l'empêcher d'aider les vaillants guerriers qui défendaient l'honneur du village !

Entre les deux localités, sans que personne pût l'expliquer rationnellement, s'était instaurée une inimitié, transmise de génération en génération. En famille, les anciens évoquaient avec nostalgie les combats homériques, les horions distribués et reçus, et le bonheur d'aller à la castagne pour se défouler. Progressivement enflammés par le contexte belliqueux du moment, pris dans l'engrenage des jeux guerriers et des revanches à prendre, animés d'une haine et d'une hargne ancestrales, les combattants des deux côtés étaient prêts à en découdre, à tout casser, à humilier l'adversaire par plaisir.

On commençait traditionnellement par plusieurs séries d'injures puisées dans le répertoire des faubourgs, afin d'impressionner l'adversaire et de se donner du courage. De sa vie, Joseph, la dernière et la plus jeune recrue, n'avait jamais entendu pareilles horreurs : il prit donc la décision de déserter. Mais certains, parmi les plus grands, le traitèrent de froussard, de lâche et – suprême injure – de poule mouillée. À son corps défendant, il fut donc acculé à les suivre.

Puisque c'était sa première participation aux combats et qu'il n'avait rien dit aux parents, de peur d'essuyer un refus catégorique, les chefs avaient décidé de le ménager. La progression sur des chemins vicinaux vers la zone de combats, le long d'un filet d'eau malheureusement grossi des dernières pluies, fut lente car la boue faisait ventouse. Au passage, on s'approvisionnait en bâtons, choisis dans les buissons de noisetiers, taillés en pointe pour servir d'épée aux combattants de première ligne ; on collectait des silex adaptés au calibre des frondes ; on faisait avec beaucoup d'application l'inventaire du répertoire des injures.

Les deux chefs, forts en gueule, courageux et rusés, et prétendus experts en tactique et en stratégie militaires, étaient persuadés que, cette fois-ci, on terrasserait définitivement l'adversaire. Ils avaient décidé que les plus jeunes et les moins aguerris constitueraient l'arrière-garde, avec pour mission d'assurer le ravitaillement en cailloux, mottes de terre et baguettes de coudrier, hurlant énergiquement pour appuyer les combattants de première ligne.

La tactique mise au point devait réussir à tous les coups. On était les meilleurs, et ceux d'en face allaient en subir les conséquences. Mais l'état-major adverse bénéficiait des conseils d'un lycéen qui avait lu en classe *La Guerre des boutons* de Louis Pergaud : à la classique guerre de position ou de tranchée, succéda celle de mouvement. Une fraction de l'armée ennemie avait fixé sur place l'essentiel de nos troupes, pendant qu'un léger détachement mobile encerclait l'arrière-garde, après avoir franchi le ruisseau sur une passerelle improvisée, à l'écart du champ de bataille, privant les unités engagées de munitions.

En un clin d'œil, les cinq apprentis guerriers furent cernés par une horde d'énergumènes braillards au visage noir de suie. Brandissant couteaux et ciseaux, le commando leur coupa les boutons de braguette et de bretelles, malgré les pleurs et les supplications des petits combattants. Quand l'un des chefs vit l'état de détresse dans lequel se débattait l'arrière-garde, qui se défendait vaillamment pour éviter la capture, se tenant la culotte d'une main, et de l'autre rendant coup pour coup aux assaillants tout en cédant inexorablement du terrain, il devint urgent de changer de tactique. Les deux camps optèrent pour un cessez-le-feu immédiat et la suspension des combats jusqu'au dernier dimanche du mois, le temps de récupérer et de reconstituer les effectifs. On se promit également de renoncer aux bordées d'injures, de se comporter en vrais combattants et de revenir à l'esprit qui présidait aux joutes du passé.

Quand Petit Joseph et ses camarades d'infortune prirent le chemin du retour, dépenaillés et crottés, les grands s'efforçaient de les consoler, assurant que pareille mésaventure ne se reproduirait plus. Peine perdue : ils pleuraient moins l'humiliation de la défaite que la perspective de recevoir une bonne correction à la maison. À quelque temps de là, Joseph apprit que les chefs, voyant les effectifs fondre comme neige au soleil, et l'esprit bagarreur s'émousser dangereusement, n'avaient imaginé d'autre solution que de conclure avec l'adversaire héréditaire une trêve éternelle, et de décréter la fin de la guerre des boutons.

La tension monte

Lors de la rentrée des classes, en septembre 1938, deux institutrices de la grande école des garçons étaient absentes, pour une raison que personne n'osa demander au directeur. Un jeune maître se chargea de la classe de Joseph, une institutrice plus âgée, formée par les sœurs enseignantes, prit le relais dans la classe parallèle et le directeur récupéra les grands. Joseph était dans sa neuvième année et les choses de l'école devenaient plus sérieuses.

Mais le rituel immuable de la rentrée n'intéressait plus personne; tout le monde avait l'esprit préoccupé par les nouvelles de Munich et des lamentables concessions faites à l'Allemagne hitlérienne, qui laissaient entrevoir un sort dramatique pour l'Alsace... La distribution des livres de lecture et de calcul, avec en supplément un précis de sciences naturelles et d'histoire-géographie, fut la seule nouveauté, avec une nouvelle édition du catéchisme. La communion solennelle devait avoir lieu à Quasimodo 1944. Pour aiguillonner la classe, le curé promit la présence, à la cérémonie de la confirmation qui se déroulerait la même année, sans doute le lundi de Pentecôte, de l'évêque ou de son coadjuteur.

L'après-midi du jour de la rentrée, la corvée de bois au grenier reprit, de plus en plus mal acceptée par les grands. Ils durent aussi accepter, de mauvaise grâce, de se lever plus tôt par roulement, afin de mettre en route le chauffage dans les salles de classe, où l'encre gelait dans les encriers pendant la nuit. Ils voulaient bien approvisionner le poêle pendant les cours, pour se donner du mouvement et éviter de passer au tableau, mais ce nouveau sacrifice était lourd. L'instituteur fut donc chargé d'intervenir auprès des autorités municipales pour qu'elles emploient pendant la froide saison un intérimaire, qui allumerait le chauffage, comme à la salle d'asile et à l'école des filles.

Dans les familles les plus aisées, la TSF faisait irruption. On s'intéressait aux informations, et en particulier aux programmes allemands, qui sonnaient, au nom des valeurs de l'Occident à sauver et avec plus d'insistance chaque jour, la charge contre la coalition franco-britannique et les trublions nuisibles qui attentaient à la pureté de la race. L'éventualité d'annexer l'Alsace au Reich millénaire fut même évoquée : de l'autre côté du Rhin, on considérait manifestement que le passé commun et la proximité linguistique balayaient toute entrave juridique au rattachement de la province au *Vaterland* allemand.

Côté français, on claironnait qu'il ne fallait pas paniquer. Nos troupes, sur les traces des Poilus de 1914-1918, étaient réputées être les meilleures du monde ; Hitler, caporal fantoche, ne connaissait rien en stratégie militaire ; les manifestations de masse et les déploiements de forces armées orchestrés par le régime nazi n'étaient que des leurres destinés à tromper le peuple allemand et l'Europe. Selon des déclarations officielles, la plupart des unités blindées d'outre-Rhin étaient en carton, car il était inconcevable qu'un pays défait pût réarmer en si peu de temps, au nez et à la barbe de tous. Bercés par ces propos rassurants, ceux du village se sentaient en sécurité.

Quand bien même les Allemands se décideraient à attaquer, notre ligne Maginot les repousserait sans coup férir : « Ils ne passeront pas ! » Dans les journaux locaux, des envolées dithyrambiques évoquaient le tonus des troupes et la qualité supérieure des matériels. Petit Joseph, qui ouvrait ses oreilles en grand, cherchait la fameuse ligne Maginot sur la carte. Le père ne disait pas grand-chose : son maigre bagage scolaire ne lui permettait pas de déchiffrer les articles de fond, même en allemand. Il fit semblant de ne pas vouloir s'intéresser au problème, tout en sachant qu'il serait envoyé en première ligne, si un conflit éclatait.

Tout s'embrouillait : l'Autriche, les Sudètes, Munich et les menaces sur la Pologne. La population du village, troublée, s'agitait et constituait des stocks ; du marché à l'école, les esprits battaient la campagne. Certains, en mal de sensations nouvelles, de mouvement et de sang neuf, attendaient impatiemment l'arrivée des militaires. D'autres prétendaient que les Allemands ne devaient pas être trop différents d'eux, qu'ils avaient un cœur comme tout un chacun, qu'ils n'étaient pas nécessairement inféodés au parti hitlérien. Beaucoup déclaraient sans ambages que le désordre présent et à venir était dû à l'incurie et à la malhonnêteté des hommes politiques français « de l'intérieur », qui ne se gêneraient pas pour vendre l'Alsace-Lorraine à l'Allemagne, comme en 1870. Quelques nostalgiques, enfin, plaignaient la France en se refusant à toute cohabitation avec l'envahisseur nazi.

Depuis quelque temps, il était de plus en plus question outre-Rhin des exactions, que des hordes en kaki, svastika au bras, perpétraient à l'encontre des *Untermenschen* (sous-hommes), ces êtres inférieurs qui n'avaient plus droit de cité en Allemagne : communautés juives, Tziganes venus d'Europe centrale et handicapés mentaux. Ils s'en prenaient également aux opposants politiques, sociaux-démocrates ou communistes, aux chrétiens, protestants ou catholiques, ainsi qu'aux libres penseurs, francs-maçons, antimilitaristes et objecteurs de conscience.

En classe, l'instituteur, originaire de la France « de l'intérieur », expliqua à Joseph et à ses camarades que le racisme était l'expression dévoyée de comportements hostiles, à l'encontre d'une minorité qui n'était pas à même de se défendre. Le sort tombait sur les communautés juives, dont la survie avait toujours été difficile, selon un renversement des rôles : de bourreaux, complices actifs de la mort de Jésus, ils étaient devenus victimes. Le maître prit l'habitude de commenter aux élèves des articles de journaux ou des photographies. Petit Joseph fut particulièrement frappé par un cliché où des sbires de la NSDAP, hilares, forçaient un vieillard distingué, portant l'étoile de David sur le cœur, à nettoyer les dalles d'un trottoir avec une brosse à dents. Certains camarades se mirent à rire mais, quand ils saisirent que ce monsieur élégant était juif, et que pour cette seule raison on le chassait de chez lui avec sa famille, le sérieux revint sur tous les visages.

Le village ne comptait aucun Juif, mais on en rencontrait tous les jours, shabbat excepté, qui sillonnaient les rues du bourg, en quête d'une bonne affaire. Faisant le tour des propriétés paysannes, ils en ressortaient souvent avec une bête famélique, qu'ils faisaient avancer à coups de bâton et de jurons en yiddish. En dépit de leur laisser-aller vestimentaire, leur blouse crottée et leur casquette, d'où dépassaient des touffes de cheveux rebelles, Joseph les trouvait polis, avenants et pacifiques. Ceux qui tenaient un étal de tissus dans le chef-lieu du canton avaient une apparence plus soignée, et les mêmes yeux – bruns, noirs ou bleus – que le reste de la population. Comment prétendre que la race des maîtres était formée de blonds aux yeux bleus ? Petit Joseph, quant à lui, avait hérité d'une paire d'yeux vairs tirant plus au vert qu'au bleu, et que sa chevelure blonde avait viré au châtain clair.

Dans la famille de Joseph, on détestait les Juifs. La mère, convaincue qu'il fallait leur faire payer l'horrible crime, déclarait sans hésitation que, chaque fois qu'elle croisait un Juif dans la rue, il lui rappelait la Crucifixion. Elle reprochait aux gouvernants d'avoir autorisé des réfugiés polonais, allemands et russes à trouver un refuge en France, encombrant nos provinces et mangeant le pain des Français. Joseph constatait qu'au village, à l'instar de ce qui se passait en Allemagne, on n'aimait pas les rouges, presbytère en tête, on maudissait les détracteurs de l'Église, on accusait les francs-maçons de s'adonner en secret à des pratiques magiques et nécrophages ; le petit peuple redoutait les gens du voyage, à qui on imputait chapardages et vols d'enfant.

Pendant la Semaine pascale de 1939, l'église retentit d'attaques violentes contre les Juifs de Jérusalem, accusés de déicide pour avoir livré Jésus à la vindicte de Ponce Pilate – mais n'était-ce pas le Romain qui L'avait envoyé à la torture et à la mort sur la Croix, le plus infamant des supplices ? Mais n'y avait-il pas quelque incongruité, se demandait Joseph pendant les sermons, à considérer les citoyens juifs comme responsables des débordements outre-Rhin ? On insinuait ici et là qu'ils étaient en voie de vendre les démocraties occidentales à des lobbies internationaux dirigés par des administrateurs sans pitié, de confession juive. Mais en quoi ces marchands de bestiaux, qui ne roulaient pas sur l'or, ces commerçants ambulants, ces représentants de commerce, menaçaient-ils de renverser le régime parlementaire, alors qu'ils étaient intégrés, titulaires de la nationalité française et fort minoritaires dans le pays ?

D'un côté, il y avait les Italiens et les Allemands ; de l'autre, les Anglais et les Français ; d'un côté des dictatures, et de l'autre, les démocraties : tout semblait se précipiter vers un dénouement dangereux. On parlait de l'Espagne, de cette guerre moderne, coûteuse en vies humaines, entre républicains et franquistes, dans laquelle l'appareil militaire allemand avait joué un rôle décisif. L'Italie mussolinienne avait repris pied en Afrique, conquérant avec l'appui allemand la Libye et l'Éthiopie : c'était la première phase de la reconstitution de l'empire romain. Au village, il n'était plus question d'affubler de noms d'oiseaux les émigrants italiens, qui fuyaient leur pays avec un baluchon sur l'épaule, à la recherche d'un travail.

Comme on leur répétait depuis toujours qu'il était chic de parler français, les écoliers n'avaient jamais été tentés de s'exprimer en allemand, et se contentaient entre eux de l'alsacien.

Une peur panique s'empara de tous les élèves à la pensée de devoir renoncer à tout ce qu'ils avaient appris, pour parler un allemand devenu obligatoire. Petit Joseph prit son courage à deux mains et demanda à l'instituteur de lui prêter des livres en français, ce qu'il n'avait encore jamais osé faire. Si ceux d'en face l'emportaient, dans ce conflit désormais inévitable, qu'adviendrait-il du maître, des manuels scolaires tout neufs et de la langue française ? Pris d'angoisse, Joseph voyait déjà ses chers livres subir le même sort que celui réservé par les nazis à des milliers d'ouvrages réduits en cendre, au cours d'autodafés publics dans de nombreuses cités allemandes.

Drôles de préparatifs

Seul, le brave instituteur s'efforçait de convaincre ses ouailles, bouleversées et sceptiques, que les trois bunkers en construction seraient achevés à temps, et que les troupes auraient à cœur de défendre le village. Poussés par la curiosité, Joseph et son père allèrent visiter l'endroit, qu'ils s'imaginaient bourdonnant d'activité, pris d'assaut par les sapeurs du génie, afin que soient respectés les délais de livraison à l'infanterie. Mais ils retirèrent de cette incursion une impression de triste abandon et de gâchis énorme. C'était un énorme chantier interdit au public, comme une verrue disgracieuse au milieu des champs. Dans un chaos indescriptible, les trois forteresses se dressaient au milieu de sacs de ciment éventrés, dont le contenu s'était déversé alentour. Du bois et de la ferraille traînaient partout. L'eau était venue d'un bassin proche, par camions citernes. Sable et tout-venant étaient acheminés par draisines ou lorrys.

Alors qu'ils s'apprêtaient à quitter les lieux sans avoir vu un seul militaire, un inconnu en civil apparut au seuil de l'un des bunkers, crayon et calepin en main. Le prenant pour un officier français en dépit de son comportement raide, de ses cheveux coupés ras et de son regard bleu acier glacé, Joseph et son père le saluèrent. Sans un mot, l'homme les toisa d'un regard méprisant.

Des individus inconnus et mystérieux, on en croisait souvent, notamment dans la forêt rhénane : sans doute étaient-ils de paisibles cueilleurs de muguets ou de champignons, des collecteurs de bois mort, ou encore des amateurs de braconnage. Ils ne faisaient de mal à personne, baissaient la tête quand ils vous rencontraient et ne répondaient jamais à vos saluts. Les autorités avaient proclamé qu'il fallait se méfier des espions et signaler toute présence suspecte à la gendarmerie. Mais, entre l'espion et le promeneur, où se situait la différence ?

Perplexes, Joseph et son père signalèrent au maire cet inconnu qui prenait des notes au milieu des blockhaus. Mais l'élu n'avertit ni la gendarmerie ni la police militaire, et l'homme ne fut pas arrêté. Quelque temps plus tard, en juin 1940, il devait reparaître officiellement, en grand uniforme d'officier nazi. Debout sur les marches de l'unique hôtel-restaurant, il arborerait un sourire hautain, laissant transparaître à la fois sa fierté d'avoir joué un tour pendable à la France, et sa joie de voir les compagnies d'infanterie allemandes traverser le village au pas cadencé, en direction des Vosges.

Sans être d'éminents stratèges, Joseph et le père ne pouvaient comprendre la raison d'être de ces trois casemates, construites en rase campagne. Certes, elles offraient de remarquables angles de tir orientés tous azimuts, dans le prolongement du rideau de blockhaus érigés en retrait de la frontière. Mais les unités confinées dans ces blocs de béton seraient prises comme des rats : pas de galerie d'accès sûre pour les ravitaillements et les relèves, et d'infâmes boyaux en guise de sauve-qui-peut ! Surtout, les travaux, qui avaient consommé des hectares de bonne terre agricole, réquisitionnée au nom de la sécurité des frontières et de la population, étaient interrompus depuis plusieurs semaines, et tout indiquait que le cœur n'y était plus.

Dans le village, on finit par concevoir quelque doute vis-à-vis de la propagande officielle. Les signes inquiétants s'accumulaient. Ainsi, depuis plus d'un mois, un petit monomoteur, identifié comme appareil d'observation allemand, survolait à basse altitude le village et ses alentours. Chacun de ses passages fut signalé ; quand la chasse française alertée finit par paraître, le petit Fiseler Storch avait disparu. L'apparition de ce petit avion inoffensif sembla arracher le voisinage de sa torpeur. L'irruption d'un conflit était donc réellement imminente. Les images macabres de la Première Guerre mondiale ressurgirent, et les braves citoyens se mirent à trembler pour leur vie.

Comme on n'avait plus vu de militaires dans les environs depuis le départ des sapeurs – dont la mission ne consistait pas à se battre mais à construire –, les villageois furent pris d'un scepticisme pugnace. Des camions militaires passaient en direction du Rhin, on ne savait pas exactement où, mais on se mit à regretter qu'il n'y eût pas de troupes pour servir de bouclier au village, situé à une dizaine de kilomètres à vol d'oiseau de la frontière. Des chapelets furent organisés, on priait la vierge de Lourdes que rien de mal n'arrivât au village et que le Bon Dieu protégeât les armées de France.

Un matin après la classe, Joseph s'apprêtait, comme chaque matin, à prendre un des frères par la main pour aller à la rencontre du père, à la sortie de l'usine, quand il vit du haut de l'escalier un képi ; c'était un officier français, vraisemblablement un capitaine puisqu'il avait trois galons à l'épaulette. À ses côtés, un secrétaire ou un planton, avec un épais dossier sous le bras. Ce furent les premiers soldats que Joseph vit de près. L'officier était élégant, avec sa cravate, sa vareuse et quelques rubans bleus et rouges : un vrai officier de salon, impeccablement guêtré et chaussé, une main gantée portant le deuxième gant. Il se mit à parler en montant l'escalier ; mais Joseph ne comprit rien aux paroles de cet homme qui ne parlait pas comme l'instituteur. Constatant qu'on avait du mal à le comprendre, l'officier s'impatienta, et son débit de méridional se fit de plus en plus saccadé.

Il voulait savoir le nombre des occupants de l'appartement. Sur ordre de la mère, Joseph lui expliqua que la famille de six se sentait à l'étroit dans ce logement inconfortable et mal conçu, sans salle d'eau ni WC. Le capitaine prit consciencieusement note de la réponse, ajoutant toutefois qu'il avait l'instruction de loger un bataillon dans le village. Il jugea que la pièce, bien éclairée, calme et aérée, avec une vue intéressante sur le quartier, pourrait convenir au médecin du détachement.

– Comprenez-moi, madame, j'ai un ordre de réquisition. En rangeant les meubles dans un coin, on pourra loger un lit de camp et deux cantines. L'officier n'utilisera le salon que pour dormir, il fera sa toilette dans l'unité sanitaire du corps et un planton veillera à la propreté des lieux.

Puis le capitaine remercia la mère, salua et s'en fut.

Il fallut deux jours pour installer tout ce beau monde à travers le village, les gradés chez l'habitant, la troupe dans les maisons inoccupées, dans les granges ou sous tente. Petit Joseph fut surpris de voir la quantité impressionnante de matériel roulant qu'exigeait l'acheminement des troupes. À leur descente de véhicules, ces hommes qui avaient pour mission de protéger le village titubaient, couverts de poussière, les membres ankylosés par les cahots du voyage sur des banquettes en bois. Calot de travers, vareuse et pantalon froissés, guêtres délacées tombant en désordre sur les souliers, la musette gonflée de victuailles et d'effets personnels pendue à une hanche, le fusil à l'autre, avec deux cartouchières vides de chaque côté du ceinturon, ils se mirent à décharger les sacs de paquetage, empilés dans une remorque.

Joseph, du haut de la cuisine, aurait aimé saluer leur arrivée dans la bâtisse vide, en face. C'était tout ce qui restait d'une ferme prospère, dont seule une chambrette en désordre était occupée par une vieille fille, la folle du village, qu'on craignait et qu'on respectait à la fois. Porteuse de journaux, d'informations vraies ou fausses, elle avait répandu l'incroyable nouvelle selon laquelle la Suisse, choquée par l'agressivité hitlérienne, aurait déclaré la guerre à l'Allemagne. Qui aurait pu prouver le contraire ? Les quelques postes de TSF du village ne parvenaient pas à faire entendre raison à une population sur le qui-vive, préoccupée par l'arrivée des troupes. Toutes les informations qui circulaient au sujet de la Wehrmacht, des SS et de la Hitlerjugend s'entrechoquaient dans la petite cervelle de Joseph. Les parents, au lieu de tenter de clarifier ce désordre, gardaient un silence prudent qui achevait de désorienter le garçon.

Dans la lointaine Pologne, Hitler cherchait, disait-on, à loger le trop-plein de population allemande, avec le concours d'un pays détesté subitement traité en ami : l'Union soviétique de Staline. En Afrique, partagée entre quelques colonisateurs européens, la Libye et l'Abyssinie faisaient aussi parler d'elles. En classe, on commença à découvrir ce continent inconnu aux frontières rectilignes. Les enfants ne connaissaient que la carte de France et de son empire colonial. L'Europe était un terme abstrait pour un garçon de dix ans, l'Allemagne et l'Italie semblaient bien exotiques et l'État pontifical sans consistance géographique. La France en voulait à la Grande-Bretagne de lui avoir arraché le Canada et ses possessions en Asie et aux Indes. Aussi Joseph ne comprit-il pas pourquoi on en faisait une alliée.

Dans un tel chaos, la présence au village de ces quelques fantassins rassurait. Ces braves garçons, venus pour la plupart d'une campagne bourguignonne, étaient des conscrits du dernier contingent mobilisé, encadrés par des officiers et sous-officiers d'active. Les filles leur firent le meilleur accueil, se trémoussant dans l'espoir qu'ils allaient animer ce village endormi. Au nez et à la barbe des habituels copains, elles recherchaient les flirts au coin de la rue avec ces jeunes militaires : prestige de l'uniforme ! Il fallut peu de temps à Joseph pour se mêler aux soldats, dont certains avaient le mal du pays et se croyaient hors du territoire français. Ils venaient d'achever quelques mois d'instruction militaire, au cours desquels ils n'avaient rien appris d'autre que le maniement d'armes, l'art de faire un lit au carré, ou celui de rafraîchir le pli de leur pantalon, pour obtenir un droit de sortie ou de permission.

La plupart du temps confinés dans leur quartier, ils trompaient leur ennui en cherchant du bois dans la remise, en cueillant les dernières pommes au verger, en s'échangeant des revues légères et en effectuant de rares exercices de combat, qui ressemblaient plutôt à des promenades. La soupe leur était servie à heures fixes, dans de grosses gamelles que les cuisiniers avaient l'obligation de remettre au véhicule de l'intendance, quand il passait les ramasser. Puis, ils lavaient couverts et gamelles individuels dans ce qui avait été une auge, du temps où la ferme était une des plus prospères du village.

La guerre éclata enfin, événement attendu et déconcertant à la fois. La troupe ne semblait pas choquée outre mesure : la soupe était toujours servie à l'heure et seuls quelques soldats arboraient une mine plus renfrognée que d'habitude. La Pologne était loin ; ici, on avait la paix et on ne s'en plaignait pas. Consultant un atlas, Joseph se rendit compte que, pour aider la Pologne, il fallait traverser l'Allemagne ennemie. Tous, militaires et patriotes du village, étaient unanimes pour déclarer qu'aucun Allemand ne franchirait le rideau défensif de la ligne Maginot et du Rhin, plus solide et plus sûr que la ligne Siegfried.

Le père fut l'un des premiers réservistes à rejoindre son unité, du côté des Vosges. Avant de partir, il chargea un vieux camarade d'évacuer, pour le mettre en sécurité, l'essentiel du ménage de la mère, qu'on ramènerait la guerre terminée. Les autorités militaires avaient du scrupule à garder sous les drapeaux un homme de trente-quatre ans, père de famille nombreuse. Le mari de la tante couturière, bien plus jeune que le père, avait quant à lui échappé au rappel. En l'absence du père, Joseph se déclara tout de go chef de famille remplaçant, prêt à servir de tuteur aux trois frères, en espérant une sérieuse amélioration de leur conduite jusqu'à son retour.

L'aîné regrettait amèrement d'être privé d'enseignement régulier. Même à l'école, la discipline laissa place au laisser-aller général. L'école des grands n'ouvrait ses portes qu'épisodiquement, en fonction du nombre de présents. Comme la mobilisation générale avait privé toutes les familles paysannes des bras valides, les enfants scolarisés devaient prendre le relais.

Les boutiques du village furent prises d'assaut. Dans la famille, chaque fois que survenait une menace pour l'approvisionnement, la mère sacrifiait les petites économies pour se préparer aux éventuelles restrictions. Dès la déclaration de guerre, elle se précipita chez l'épicier pour dévaliser sa réserve de pains de savon de Marseille. Les boulangers étaient contraints de servir en priorité l'armée, avant de répartir le reste de pain entre les civils. De la viande, on en trouvait à profusion : les bouchers des environs s'approvisionnaient auprès des autorités militaires, qui disposaient d'un troupeau de bêtes parquées dans les deux stades de football. Parmi ces bêtes, retirées des fermes de la zone rhénane que l'on avait évacuées en catastrophe, certaines mouraient dans des souffrances atroces, les pis gorgés de lait.

Convaincus que les propriétaires légitimes ne rentreraient pas de sitôt, beaucoup de candidats s'étaient présentés aux autorités pour prendre un animal en pension. Pris d'amitié soudaine pour l'une de ces vaches, l'oncle célibataire décida, à l'insu de Grand-mère, de la prendre en pension dans le réduit encombré de clapiers, qui hébergeait jadis un troupeau de chèvres. La perspective d'en tirer suffisamment de lait frais pour couvrir ses dépenses d'herbe et de foin lui fournissait une belle occasion de jouer sérieusement à l'ouvrier paysan. Brave bête, au demeurant, que cette jurassienne au regard doux et résigné, aux manières policées, au poitrail si large et au corps si charnu qu'on eut de la peine à la faire entrer dans l'étroit cagibi. Libérée du licou, bouchonnée, étrillée et bien nourrie, la pensionnaire semblait à son aise. Mais l'oncle se demandait combien de temps il allait la garder, car des réfugiés commençaient à revenir d'exil.

Petit Joseph découvrait de près cette bête à corne qui se laissait caresser, lui jetait des regards de tendresse, lui rendait l'amitié qu'il lui portait. Il fut pris d'amour pour la gent bovine, malgré ses bouses malodorantes, sa bave désagréable et ses dandinements nonchalants. Mais le bonheur dura peu. Le prétendu propriétaire de la Francine, qui avait dû abandonner ses sept vaches et son unique cheval, et qui trouvait à son retour une maison pillée, se présenta chez Grand-mère, trop heureuse d'être débarrassée de l'intruse. Restait à affronter l'épreuve de la sortie, car l'absence de mouvement, la claustration et une évidente suralimentation avaient conféré à l'animal un léger embonpoint. Comme chez le forgeron, on lui fit plier les pieds antérieurs et le tour fut joué.

« Drôle de guerre » : ainsi nommait-on, comme Joseph ne manqua pas de le noter, cette étrange période, ponctuée de temps à autre de quelque escarmouche entre patrouilles. Partout, on claironnait que les Allemands accaparés par le problème polonais n'auraient pas le cran d'attaquer la France. Les troupes cantonnées en face de la cité ouvrière ne semblaient pas particulièrement préoccupées ; elles allaient et venaient à leur guise, sans se préoccuper de sécurité. On n'avait rien à craindre : leur seule présence intimidait l'ennemi, qui ne passerait décidément pas !

En attendant, le soir venu, dans ces tièdes nuits estivales, des ombres s'étreignaient en silence au coin des rues et dans les encoignures. Pour les filles du village, auxquelles s'étaient jointes des camarades venues en voisines, peu farouches et déterminées à rabattre le caquet des garçons, la guerre avait du bon, puisqu'elle leur permettait de rencontrer de braves garçons et de passer d'agréables moments en leur compagnie. Elles recherchaient tout simplement un peu de vie et de joie, comme un acompte à faire valoir sur le futur angoissant.

L'épreuve approche

Un beau jour, le médecin militaire disparut, sans le moindre mot d'adieu. Toute la famille avait été aux petits soins pour lui, mais il était resté très distant, n'adressant la parole ni aux parents, ni aux enfants. Était-ce l'impression d'être en pays étranger, ou le sentiment de devoir tenir son rang face aux gens de peu ? Quand Joseph tentait d'aligner quelques mots en français pour lui demander s'il ne manquait de rien, l'homme s'éclipsait aussitôt.

Ce capitaine n'aimait guère les gens d'Alsace. Ne comprenant pas un mot de leur dialecte, il leur reprochait de ne faire aucun effort pour parler français. Aux yeux de Joseph, ce pimpant officier avait décidé de se méfier des villageois, et se sentait déshonoré d'avoir à se contenter d'un cantonnement aussi médiocre. Dans l'appartement, on le plaignait d'être séparé de sa famille, mais il n'en semblait pas particulièrement affecté. Grâce à son statut de médecin capitaine, il était son propre supérieur dans le détachement, se levant quand bon lui semblait, disposant d'un planton dévoué, préférant à tout prendre cette situation enviable, plutôt que de croupir dans l'ennui mortel des chambrées.

La troupe ne savait comment tuer le temps. Parfois, jouant aux guerriers, certains hommes nettoyaient leur arme ; mais la plupart d'entre eux, affalés dans la paille, jouaient à la belote et au rami, ou se délectaient de revues légères. Joseph, qui avait droit de visite, fut surtout impressionné par le tas de bouteilles vides qui traînaient dans un coin, les mégots écrasés sur le plancher, les paquetages en désordre et le bouquet d'odeurs nauséabondes.

Le mess des gradés, duquel personne n'était autorisé à approcher, était installé au centre du village. L'atmosphère y était tout autre : jusqu'à des heures tardives, on entendait rire, chanter, s'interpeller bruyamment. Le menu concocté pour ces messieurs par des maîtres-queux triés sur le volet, demeurait secret pour ne pas susciter une inutile insatisfaction dans les rangs, la troupe devant se contenter d'une tambouille sommaire préparée dans la roulante.

Au retour du médecin capitaine, en général, tout le monde dormait. Quand il avait trop bu, il lui arrivait dans l'obscurité de confondre les pièces en enfilade et de débouler en grommelant dans la chambre des parents. Parfois, le capitaine s'allongeait tout habillé sur son lit de camp et le planton, arrivé vers les sept heures, devait l'aider à se mettre sur pieds. Quand le festin avait été trop abondant ou trop arrosé, il ouvrait la fenêtre pour rendre ce que l'estomac refusait d'absorber. Au matin, les passants découvraient sur la façade une série d'arabesques arc-en-ciel. Trop imbu de lui-même et de son rang, le jeune médecin ne s'excusa jamais auprès de sa famille d'accueil. Un commando armé d'un seau, d'une brosse et d'un détergent efficace, arrivait sur les lieux avec une échelle empruntée chez un voisin, et le corps du délit disparaissait.

Accompagné d'un première classe, le planton vint récupérer les effets du capitaine. Sans un mot, ils plièrent le lit de camp, fourrèrent le linge sale dans un sac, ramassèrent les mégots qui traînaient dans les pots de fleurs, puis s'éclipsèrent. Pour tout souvenir, le capitaine avait laissé sur le canapé une belle tache violacée, sans doute indélébile, et de coriaces traces de boue sur le parquet en guise de remerciement.

Des informations contradictoires, mais toujours alarmantes, provenaient de Pologne. La presse et la radio officielles du Reich continuaient, de leur côté, de parler de provocations intolérables de la population locale, et imputaient l'entrée en campagne de la Wehrmacht à l'agressivité de l'armée polonaise. Il était difficile de croire aux rumeurs de fosses communes et de ghettos, ainsi qu'à la triste fin de la vaillante armée polonaise, vaincue par l'armée allemande, dotée de moyens modernes de destruction.

L'annonce officielle de ce désastre fit l'effet d'une bombe sur le moral des troupes cantonnées dans le village. Ce fut la fin d'un insouciant statu quo devenu insupportable, et le début d'une hyperactivité désordonnée : suppression des permissions de minuit, organisation de patrouilles diurnes et nocturnes, rotation des effectifs pour éviter toute baisse de l'esprit combatif. Les corvées pleuvaient et quelques-uns, parmi les plus grandes gueules, furent expédiés dans un autre régiment. À tous les niveaux, la hiérarchie tentait de mettre de l'ordre dans l'anarchie des affaires courantes. On attendait l'orage en désordre, mais sûr de la victoire.

Il n'était plus question d'idylles au coin de la rue. La discipline imposée par les récents événements mit un coup d'arrêt brutal aux retrouvailles sentimentales qui avaient fait les délices de bien des jeunes filles du village. Elles affichèrent, du jour au lendemain, moins d'exubérance, d'arrogance et de superbe. Ces contacts avec des gars « de l'intérieur » leur avaient fait aimer le français ; celles qui, de leur passage à l'école, en avaient conservé quelques rudiments mobilisèrent leurs souvenirs pour s'exprimer couramment en français. D'autres se hâtèrent, après ce long intermède sentimental, de renouer des relations avec les garçons du village, souvent sans succès car ces derniers, échaudés, étaient partis chercher fortune dans les villages voisins.

Au même moment, des malentendus réels ou imaginaires entamèrent le capital de confiance que la population du village s'évertuait à investir dans son armée, malgré les multiples accrocs dus à la cohabitation. Plus d'un citoyen de bonne foi fut pris de colère contre ceux qu'on appelait les « troupes d'occupation », quand les habitants de la zone rhénane, revenus après avoir été évacués d'office, retrouvèrent leur maison saccagée, caves pillées, vaisselle abîmée, meubles débités pour faire du combustible, alors qu'il y avait du bois à profusion dans les remises. Personne ne devait avoir signalé aux soldats que l'Alsace était redevenue française en 1918, même si la plupart des habitants s'y exprimait dans un dialecte alémanique incompréhensible pour les francophones.

On avait rêvé dans les chaumières avoir affaire à de jeunes compatriotes gentlemen, à l'image des Poilus de 1914-1918 ; on se trouvait face à des gamins sans cervelle. Chargé par la Nation de défendre la population au prix de sa vie, le soldat en uniforme estimait qu'à ce titre on devait lui pardonner certains excès de conduite. Mais cela ne l'autorisait pas à détruire en pays ami l'habitat de ceux qui avaient eu le malheur, lors de l'évacuation précipitée, d'oublier de dépendre la photo d'un aïeul en uniforme du Kaiser, ou de ranger un livre de messe, des journaux locaux, voire de la correspondance en allemand... C'était là une faute lourde, que jamais un soldat français n'aurait dû commettre, même de l'autre côté du Rhin.

Oubliant leurs querelles passées, les jeunes combattants des deux villages ennemis reconnurent qu'il n'y avait aucune commune mesure entre la situation actuelle, porteuse de dangers bien réels, et leurs joutes dominicales les plus sévères. Leurs forces s'unifièrent mystérieusement pour partir en campagne et confondre ceux qui répandaient fausses nouvelles et propos lénifiants. Pure chimère, par exemple, l'idée que les blockhaus construits aux alentours du village offriraient une solide protection. En classe, le brave instituteur eut bien du mal à restaurer l'autorité de sa parole, quand un élève raconta qu'il avait vu à l'œuvre, au cinéma, un de ces fameux Stukas. Fondant sur une proie mobile, un char en l'occurrence, l'avion avait lâché une bombe à basse altitude, projetant en l'air le char qui retomba ensuite lourdement à la renverse. Mal camouflés ou localisés avec exactitude par les espions ennemis, les bunkers du village demeuraient des cibles faciles.

Un gars de l'autre village suggéra d'effectuer une expédition d'inspection jusqu'au Rhin, à l'endroit où le fleuve était le moins large. Il fut décidé de se retrouver, par un beau dimanche après-midi, sur la place de l'église, pour prouver aux camarades qu'on était courageux, qu'on ne craignait ni la cinquième colonne, ni les patrouilles, ni la police militaire. Deux filles déterminées, excellentes cyclistes, se joignirent à la bande, pour faire les porteuses d'eau. À vol d'oiseau, le Rhin se trouvait à dix kilomètres du village. Le groupe progressait avec peine, contre le vent, dans la forêt rhénane où il ne fit pas la moindre mauvaise rencontre. La jeunesse, craignant de revenir bredouille, s'imaginait déjà qu'on lui rirait au nez pour sa quête inutile.

Les deux chefs, qui prétendaient n'avoir peur de personne, s'étaient proposés pour servir d'éclaireurs. Ils aperçurent au loin, à la lisière d'une vaste prairie, deux silhouettes qui s'apprêtaient à disparaître dans l'épaisseur du sous-bois. Les vaillants éclaireurs s'arrêtèrent net, bientôt rejoints par la troupe à vélo. Qui pouvaient bien être ces deux hommes : deux éléments de la cinquième colonne, dont tout le monde parlait mais que personne n'avait encore identifiés, des braconniers poseurs de collets, des ramasseurs de champignons ou, pourquoi pas, des déserteurs ? Dans la bande, les plus hardis durent prodiguer moult encouragements aux autres, qui sinon auraient sans doute déguerpi dare-dare.

Inquiets, ils reprirent leur chemin et parvinrent sans encombre au fleuve. Accueillis par un bon vent frais, ils longèrent la berge sur une centaine de mètres avant de poser leurs montures dans un fossé, histoire de guetter l'autre rive. Avec les jumelles qu'un copain avait empruntées à son père, les chefs du détachement scrutaient anxieusement la terre ennemie. Il y avait forcément quelqu'un en face, puisque la guerre était déclarée. En attendant que quelque chose se passât, on vida au goulot les trois bouteilles de limonade que les filles avaient réussi à se procurer.

Mais rien ne se produisait. Les quinze se préparaient à repartir quand ils entendirent, à quelque distance, étouffé par la forêt, un chant cadencé. Peu après, apparurent des jeunes gens au crâne rasé, qui défilaient en rangs serrés derrière un étendard flambant neuf orné du svastika. Aussitôt, en guise de provocation, le groupe de patriotes français déballa tout son arsenal d'injures et d'insanités. Comme un seul homme, les jeunes d'en face escaladèrent la digue, se regroupèrent autour de leur bannière en hurlant à l'unisson :

– *Ihr französische Schweinehunde, Juden und vernegertes Volk ! Wir werden bald kommen und etwas Ordnung in eure Banden bringen ! Heil Hitler !* (Vous, salauds français, peuple de Juifs et de Nègres ! Nous allons bientôt venir mettre un peu d'ordre dans tout ça ! *Heil Hitler !*)

Les patriotes en restèrent sans voix. Ceux d'en face, qu'ils tenaient pour des brutes manipulées, se révélaient capables de proférer des slogans d'un registre auquel ils n'avaient jamais été confrontés. Les jeunes Français s'étaient imaginés terrasser l'ennemi avec une avalanche de grossièretés de faubourg, mais il y avait encore des progrès à faire pour lui clouer le bec. Peu habitués à manipuler les questions raciales, ils reprirent, sans trop y croire, un slogan éculé qui tendait à disparaître depuis l'affaire polonaise :

– Venez toujours, et vous verrez que nous sommes les meilleurs !

Sur quoi ils éclatèrent tous d'un rire gras, en singeant le salut hitlérien. On allait s'en tenir là, et rentrer archi-battus, quand un copain plus inspiré proposa de leur adresser un énergique bras d'honneur à la française, ce qui fut exécuté avec une belle unanimité.

Piqués au vif, ceux d'en face se postèrent en enfilade, détachèrent des frondes de leurs ceinturons en cuir, extirpèrent de leurs poches une poignée de cailloux bien ronds, armèrent, et au commandement rauque déclenchèrent un tir de barrage nourri. Mais, en dépit des farouches hurlements qui les accompagnaient, les salves n'atteignirent jamais la berge française, trop éloignée. Devant l'impasse, les affrontements cessèrent et les adversaires se séparèrent avec des « Vive la France ! » et des *« Heil Hitler ! »* retentissants qui ébranlèrent la forêt. Les gars de la Hitlerjugend se remirent en rang, puis repartirent en chantant ; les jeunes Alsaciens reprirent leur bicyclette, fiers d'avoir pu prouver sur le terrain leur attachement à la mère patrie.

Toute appréhension les avait quittés, puisqu'ils étaient arrivés à tenir vaillamment tête à une bande de jeunes nazis braillards et disciplinés. Mais pourquoi rentrer, alors que la journée était belle et qu'on se rapprochait du solstice d'été ? Le temps se prêtait à un détour sur les chantiers du génie militaire, pour se rendre compte de l'avancement des travaux. Éparpillés dans la campagne, bien en vue de la Luftwaffe, les lieux déserts semblaient abandonnés, comme si quelqu'un avait donné l'ordre de modifier la stratégie. On n'était donc plus les plus forts : cela fit de la peine aux quinze vaillants patriotes.

Un vague pressentiment du désastre imminent chassa de leurs esprits le bel optimisme et la confiance inébranlable qu'au village on avait placée dans la bravoure des troupes. Celles-ci ne disposaient pourtant que de vieux fusils Lebel et de quelques caisses de munitions sous clé. Des chars, on n'en voyait pas ; quelques avions survolaient parfois le village, dont la nationalité était fort difficile à déterminer, alors que le Fiseler Storch, l'appareil d'observation allemand, allait et venait dans le ciel. Les jeunes décidèrent de pousser jusqu'à une batterie d'artillerie, installée chez un paysan : ils brûlaient de découvrir à quoi ressemblait réellement une arme à feu. Mais un cordon de soldats en faction les repoussa brutalement.

Fort déçus, les quinze se mirent d'accord pour présenter aux parents une version commune de leur aventure, en vue de désamorcer leur colère. Cette « sortie touristique jusqu'au Rhin », donc, laissa des traces dans l'esprit des participants, qui devaient reconnaître la supériorité du rouleau compresseur ennemi, que rien n'arrêterait et auquel on n'avait pu opposer que la dérision. À en juger par le spectacle des jeunes de la Hitlerjugend, une catastrophe n'allait pas tarder à s'abattre sur la belle et insouciante France. Plus personne ne pourrait convaincre Joseph et ses copains du contraire ; les pieux mensonges n'accrochaient plus l'adhésion, même chez les plus optimistes. En désespoir de cause, les élèves se mirent à aimer la France d'une ardeur juvénile qui surprit plus d'un villageois.

À la ferme

Fin avril, début mai 1940, la troupe abandonna son cantonnement pour une destination inconnue. Malgré les malentendus et les litiges nés d'une trop longue cohabitation, les filles du village et des environs furent les seules à se plaindre : elles versèrent quelques larmes, car ce brusque départ ruinait tout projet d'avenir avec leurs galants. Une léthargie similaire à celle qui s'était emparée de la population avant l'arrivée de la troupe retomba sur le village, mêlée à l'obscure inquiétude d'être exposé sans défense à l'ennemi.

Des voix firent entendre leur satisfaction de voir enfin cesser ce désordre, qui avait dressé les uns contre les autres, noirs cléricaux et rouges communistes, paysans et ouvriers, partisans de la paix et va-t-en-guerre. Les plus radicaux continuaient de critiquer sans fin les hommes politiques, leur incurie et leurs idées rétrogrades, et la haute hiérarchie militaire, coupable à leurs yeux de s'être trompée de guerre. La désinformation, à les écouter, avait réussi à faire croire aux villageois que la Wehrmacht, désorganisée, manquait de moyens et de pugnacité. Dans ce registre, le curé n'était pas le dernier à exprimer sa reconnaissance à l'administration bismarckienne pour avoir maintenu, dans les territoires annexés en 1870, les termes du Concordat napoléonien de 1801, alors que la vieille France avait choisi, un siècle plus tard, la République laïque et la séparation de l'Église et de l'État.

À l'école des grands, c'était la débandade. Le jeune instituteur, lieutenant de réserve, avait été rappelé sous les drapeaux. Les derniers élèves qui se présentaient aux cours, envoyés par leurs parents pour profiter des dernières leçons françaises, au cas où la perspective d'une catastrophe nationale devait se confirmer, furent par conséquent regroupés sous la houlette du directeur. Dans le chef-lieu du canton, les épreuves du certificat d'études étaient annulées, car les enseignants n'avaient plus le cœur à l'ouvrage.

Joseph ne reconnaissait plus le directeur, qui se faisait un sang d'encre pour son fils, appelé lors de la mobilisation générale quelque part dans le Pas-de-Calais. La mine défaite, il appelait les élèves par leur prénom, ce qui ne lui était jamais arrivé car il tenait à éviter les familiarités, qui tuent le respect et la discipline. Soudain devenu très humble, il se faisait plus petit qu'il n'était, sans doute pour échapper à l'enrôlement de force. Il s'inquiétait pour son avenir professionnel et sa villa, qui avait fait de lui un nanti et un notable.

Les jeunes regrettaient de devoir sans doute arrêter le français pour se mettre à l'allemand. Après une à trois années de scolarité en français, alors qu'à la maison on persévérait à converser en dialecte, les enfants du peuple voyaient dans cet apprentissage d'une langue nationale, ressenti comme une promotion personnelle, le seul recours pour ne pas perdre pied face aux francophones. À l'image des adultes, ils cherchaient également à désigner les responsables du désordre, et débattaient de l'opportunité d'avoir ou non des troupes au village. Tous avaient gardé des soldats un excellent souvenir, d'autant plus vif qu'on redoutait la soldatesque allemande. Comment diable finirait cette « drôle de guerre » ?

Puis, l'école fut tout bonnement désertée. On avait besoin des jeunes bras dans les champs, pour pallier l'absence des aînés, appelés au service militaire. L'apprentissage du français reculait devant l'impérieuse nécessité de rentrer les foins et le grain. Joseph, comme de coutume, était astreint à la garde de ses trois frères, aux commissions dans les magasins pris d'assaut, devant les rayons vides desquels les clients fulminaient contre l'intendance militaire, première servie, au détriment de la population locale. Manquaient, entre autres, le savon, la poudre à lessive, les boîtes de conserve et les pâtes.

Dans la famille de Joseph, on ne se faisait pas trop de soucis, entre le petit carré de légumes, le lait distribué prioritairement aux enfants, les quatre fournils qui débitaient suffisamment de pain pour satisfaire tous les appétits, et les bouchers qui avaient leur entrée privilégiée aux abattoirs. Le paysan qui fournissait la famille en lait demanda à la mère si Joseph n'était pas disponible pour lui donner un coup de main à l'écurie et à l'étable, car son fils avait été rappelé sous les drapeaux avec sa classe d'âge, sur la frontière belge.

Heureux de l'occasion de voir de près des chevaux et des bovins, Joseph accepta avec empressement cette offre inattendue, qui le libérait des corvées de garde et des courses. C'était aussi la garantie d'une nourriture abondante : dans les maisons paysannes, les repas étaient réputés savoureux, et notamment les copieux casse-croûte de dix heures. Comme paiement pour le travail fourni, il rapporterait chaque soir à la famille œufs, beurre et lard.

Joseph n'avait pas oublié sa chère école. Le soir, au retour d'une rude journée de travail, il trouvait encore l'énergie de consulter ses livres de calcul et de français pour étudier les leçons que la fermeture de l'école lui faisait manquer. Au matin, premier levé dans la maisonnée, il chauffait son café à la chicorée sur le fourneau de la cuisine et tartinait sa tranche de pain d'une épaisse couche de beurre, avant de partir pour sa ferme. Dans la morosité ambiante, accentuée par les nouvelles contradictoires venues du front de Dunkerque, ce changement de rythme de vie le comblait, parce qu'il pouvait mener en parallèle son activité intellectuelle et le travail manuel à la ferme.

À la ferme, on ne se préoccupait pas trop de la situation géopolitique ; la radio n'y avait pas droit de cité, et on ne prenait pas le temps de lire un journal. Seuls quelques courts instants étaient consacrés à la lecture d'un hebdomadaire chrétien, le dimanche entre la grand-messe et le déjeuner, ou pendant la sieste. Pourtant, le monde paysan était inquiet. L'invasion de la Pologne et de la Moravie par Hitler devait contribuer à étendre l'emprise territoriale de l'Allemagne. L'administration hitlérienne semblait chercher des points de chute à ses jeunes agriculteurs sur des terres prometteuses, comme les riches terres de lœss de la plaine alsacienne ou les polders néerlandais. Mais ces gens s'inquiétaient seulement du sort que les Allemands avaient l'intention de leur réserver. Pour eux, le paysan n'avait aucun intérêt à faire de la politique : allemand ou français, il n'était là que pour cultiver la terre et nourrir son cheptel, en essayant de vendre son lait, ses bêtes et ses récoltes.

Cas exceptionnel pour le village, cette famille d'agriculteurs aisés disposait de trois chevaux de trait, d'une vingtaine de vaches laitières et de quelques veaux, d'une porcherie pleine à craquer, de deux molosses impressionnants et d'une batterie de volailles, oies, canards, poules et poussins, qui semblaient cohabiter sans heurts en toute liberté entre les bâtiments de la ferme et le verger marécageux. Les périodes de travail harassantes étaient entrecoupées à heure fixe de phases de repos, consacrées essentiellement à se restaurer. Joseph appréciait par-dessus tout le casse-croûte de dix heures, au cours duquel on servait du fromage blanc aux fines herbes et d'épaisses tranches de lard, avec une miche de pain blanc frais. Chacun trempait à tour de rôle son couteau dans le pot de moutarde, pour en étendre une fine couche sur le lard ou le pain. Ni lait ni eau pure : on buvait du vin mouillé d'eau, ou de la bière quand il faisait trop chaud.

Comme Joseph avait de bonnes dents, ses commensaux lui cédaient volontiers le croûton. Ils éprouvaient quelque réticence à mettre leur dentition ébréchée à l'épreuve : par manque de moyens, les visites chez le dentiste étaient rares. On ne décidait de s'y rendre qu'in extremis, quand la douleur se faisait insupportable. Le reste du temps, on se contentait de remèdes de bonne femme à base de camomille ou de clou de girofle, ou d'une rasade d'eau-de-vie.

Cette famille paysanne était structurée selon un modèle patriarcal, très répandu à la campagne. Au sommet de l'édifice trônait le pater familias, chargé d'années, toujours très actif et écouté, chrétien pratiquant, honnête et modeste, doué d'un solide bon sens et d'une touche de rouerie paysanne. Sans être autoritaire, il régnait sur la famille. Depuis la mort de la mère, décédée des suites d'un accouchement très difficile, sa première fille, une vieille demoiselle légèrement handicapée d'un pied, présidait à la gestion du ménage, préparant les repas, surveillant les volailles et collectant les œufs. Puis venait le fils aîné, sous les drapeaux, dont on n'avait plus de nouvelle depuis de longues semaines et qui était censé hériter de tout, à condition de ne pas mettre à la porte sa sœur handicapée. Une deuxième fille, plus jeune, était aux ordres de l'aînée ; elle devait convoler en justes noces, dès que la guerre serait terminée, avec l'héritier d'une autre dynastie paysanne du village, lui aussi mobilisé. Enfin, le dernier fils, l'intellectuel de la famille, un brave garçon placé chez les Maritains, un ordre religieux, pour effectuer une carrière de missionnaire en Afrique.

Cette famille n'était pas riche en monnaie sonnante et trébuchante, mais en hectares de champs, de prés et même de forêts. On y vivait à l'aise, sobrement, en règle avec sa conscience. On priait à table, on remerciait le Ciel des dons reçus et on L'implorait instamment de faire revenir l'aîné sain et sauf. Cherchant à donner l'image d'une famille unie, pratiquant sans ostentation et en douceur l'essentiel des principes de la foi chrétienne, ses membres étaient rivés à la terre sept jours sur sept, ne s'accordant qu'une sortie, à tour de rôle, pour la messe du dimanche et des jours fériés : à leurs yeux, le service aux bêtes primait tout.

Premier dans la rangée des hommes à l'église, le maître de maison était aussi l'un des premiers debout, chaque samedi matin, pour aller chez le barbier qui le débarrassait de sa barbe hebdomadaire et, une fois par mois, de ses mèches grisonnantes. C'était devenu un authentique cérémonial, qui lui permettait de causer avec la clientèle de bien-pensants et de chrétiens pratiquants, sur les problèmes politiques du jour, la mévente de la production céréalière ou les cours de la viande en dégringolade.

Petit Joseph passait du bon temps à la ferme. Pour la première fois de sa vie, il était apprécié et respecté pour ce qu'il faisait. Il aimait être là, se sentait comme en famille et s'imaginait même être le fils adoptif du propriétaire. Vendant sa force de travail contre trois repas copieux et quelques provisions fraîches, il gagna en maturité. Chaque jour, il apprenait du nouveau au contact des animaux de la ferme, au cours des moissons et du battage des récoltes.

Ce qu'il affectionnait le plus, c'était la mystérieuse amitié qui l'unissait aux trois percherons placides, travailleurs et fidèles. Ces bêtes imposantes l'aidèrent à prendre confiance en lui, tant il lui était facile d'obtenir ce qu'il voulait d'elles, d'un simple mot ou d'un geste. Il demanda au patron l'autorisation de les bouchonner et de les brosser, de changer leur litière et de leur porter l'avoine ; s'il avait osé, il aurait proposé de dormir à l'écurie, comme les palefreniers professionnels. Il finit par plaindre et détester les vaches, trop lentes et battues pour cela, qui vivaient enchaînées, en un lieu puant, à peine éclairé et surchauffé, où elles semblaient ressentir quelque satisfaction à se vautrer, les flancs couverts d'épaisses crottes.

Le fermier avait conseillé à Joseph la plus grande prudence avec le bétail, dont on ne pouvait prévoir les réactions. Mais le garçon refusa d'en tenir compte, persuadé que les chevaux ne pouvaient lui faire de mal. Par contre, il se méfiait des deux molosses lunatiques, tour à tour amicaux ou agressifs selon la qualité de leur sommeil et de la pâtée qui leur avait été servie. Tous les matins, ils semblaient attendre Joseph pour qu'il leur fasse la fête, à chacun sa part équitable ; il lui fallait une bonne dose de courage pour accepter sur les joues et le nez les grands coups d'une langue râpeuse et malodorante, et des traces de griffures sur la chemise.

Joseph avait de la peine à voir les vaches laitières enfermées tous les jours de leur triste existence. Il s'en ouvrit à la fille de famille, qui prétendit n'avoir en rien droit au chapitre, le maître affirmant que ces animaux étaient privés d'âme, et que l'essentiel consistait donc à les nourrir convenablement et à les traire régulièrement, ce qu'elle faisait en son âme et conscience chaque jour.

L'élevage des porcs était intensif, et lucrative leur vente aux bouchers du coin, sur le marché ou au marchand ambulant. Vivant à plusieurs dans des boxes étroits, très confortablement alimentées, ces bêtes s'engraissaient vite pour être vendues au kilo. Une fois par semaine, pendant qu'on récurait leur logis, elles allaient se vautrer dans le lisier ou fouiller du groin la gadoue épaisse ; puis, redressant la tête, elles semblaient narguer tout le monde d'un œil malicieux. Après quoi, il était difficile de leur faire réintégrer le réduit, heureuses d'être dehors, insensibles aux coups de coudrier sur leurs flancs matelassés de graisse.

La troupe nombreuse des volailles s'égayait entre les bâtiments et l'espace derrière la propriété. Si les canards et les oies, une fois le lieu de ponte choisi, n'en changeaient pour ainsi dire jamais, les poules étaient plus coquines, et l'aînée de la famille perdait un temps précieux à retrouver leurs nids. Après la ponte, elles exprimaient leur satisfaction du devoir accompli en caquetant gaiement, aussi chargea-t-on Joseph de les espionner pour localiser les nids. Mais la gent gallinacée ne s'en laissa pas compter, et les œufs qu'on retrouvait étaient souvent en état de putréfaction avancée.

Ainsi, patauger dans la bouse et le crottin, renouveler les litières, charger et décharger, ratisser, le front en sueur, récolter céréales et pommes de terre, betteraves et regain, pique-niquer à l'ombre d'un arbre ou d'un char en pleine campagne, boire au goulot d'une bonbonne langée de tissus humides un mélange d'eau de la pompe et de vin blanc hybride, puis rentrer rompu de fatigue, mais satisfait du travail fourni : la vie de Joseph prenait une dimension nouvelle.

Il vivait pour ainsi dire hors du temps, une nouvelle existence qui, peu auparavant, lui aurait paru fade et sans intérêt, tant il avait été accaparé par les livres qu'il n'avait pas les moyens d'acheter ni l'autorisation de lire, par le souci de trouver un établissement prêt à l'accueillir, sans qu'il en coûtât trop aux parents, pour y entreprendre de bonnes études. Il était fier de rapporter à la maison, soir après soir, du lard et des œufs, bien qu'il eût préféré être payé en pièces d'argent, afin de se constituer une cagnotte personnelle.

Dans la famille, ce qui ne rapportait pas d'argent – troc, service rendu, etc. – était déconsidéré, comme Joseph en fit l'amère expérience. Épuisé, Joseph aurait aimé entendre un remerciement, même du bout des lèvres. Mais personne dans la famille ne voulut ou ne sut le faire : on trouvait tout naturel qu'un enfant passât son temps de vacances à travailler.

À la ferme, Joseph se sentait à l'abri, protégé et aimé. Mais, à peine rentré chez lui, le tourbillon des cancans reprenait. Il ne craignait pas le travail, parce qu'il n'avait connu que cela. S'il lui était parfois arrivé de rechigner, c'est qu'on ne lui avait pas laissé le choix. Rares étaient ses refus, car il tenait à être en règle avec sa conscience et il apprit tout jeune que le travail était un devoir, dont il fallait s'acquitter sans chercher de récompense. Servir à quelque chose et servir quelqu'un comblait Joseph : recevoir des compliments et des remerciements lui ouvrit les portes du Paradis.

Questions sans réponse

Pour Joseph et ses camarades, un événement majeur approchait : la communion solennelle, rare occasion d'entrer en contact avec les filles de leur âge. Dès 1939, l'abbé catéchiste avait tenu à préparer les candidats à ce qui les attendait quatre ans plus tard : le contrôle des connaissances du catéchisme devant la paroisse rassemblée, le dimanche des Rameaux après l'office des vêpres ; la cérémonie de la profession de foi ou communion solennelle, le premier dimanche après Pâques, à la Quasimodo, les garçons en costume de ville (veste et pantalon) et les filles en aube ; enfin, la consécration à la Vierge Marie, au cours des vêpres dominicales. Rusé, il laissait entendre que ces festivités seraient agrémentées d'un banquet familial, qu'il y aurait des cadeaux du parrain et de la marraine, et sans doute des sous des autres invités, pour alimenter la tirelire. Puisqu'ils seraient du jour au lendemain devenus adultes, l'école devait les libérer le lundi pour leur permettre de se rendre à bicyclette, entre communiants et communiantes, hors de toute escorte, au lieu de pèlerinage marial afin de s'y mettre sous la protection de la Vierge miraculeuse.

Ce rite de passage de l'enfance à l'âge adulte marquait l'entrée officielle dans la vie active : à l'usine pour les fils d'ouvriers et, pour les enfants de paysans pauvres, en apprentissage, derrière un étal ou à la ferme. À quatorze ans, les jeunes gens avaient droit au pantalon et aux chaussures de ville à semelles de cuir cloutées : on leur reconnaissait la solidité mentale et physique nécessaire pour prendre des responsabilités d'homme. En attendant, Joseph n'avait jamais vu le village aussi triste. Les passants renfrognés ne bavardaient ni ne se saluaient, comme s'ils avaient des choses importantes à se faire pardonner. Les paysans limitaient leurs sorties dans les champs à l'indispensable récolte de fourrage, de peur d'offrir une cible idéale aux escadrilles de chasseurs allemands et français qui passaient à basse altitude, dans un boucan infernal, ébranlant les vitres et semant l'effroi.

D'après la radio, les troupes allemandes avaient envahi la Belgique, en violation des accords internationaux, pour progresser à toute vitesse en direction des côtes de la Manche. Les reporters sur place signalèrent de graves destructions, la fuite panique vers le sud d'unités militaires auxquelles se joignaient des files de civils, sauvagement mitraillées par la chasse allemande. Le front craquait de partout ; à proximité de Dunkerque, deux corps d'armée alliés étaient menacés d'encerclement, écrasés par les raids continus des Stukas. Dans le village, personne n'osait évoquer le contournement de la ligne Maginot, prétendu fleuron du génie militaire français. L'heure était grave, et le devoir de solidarité fit oublier toutes les vieilles querelles entre noirs et rouges.

Joseph était taraudé par une foule de questions : qu'est-ce que c'était qu'un pays neutre, comme la Belgique ? Qui décidait qu'un pays soit neutre ? Et de quel droit la Wehrmacht s'était-elle permise d'envahir un petit pays sans défense ? La France s'était préparée à une guerre de tranchée, statique, défensive, or l'Allemagne avait déclenché une guerre de mouvement. Abasourdi par cette catastrophe nationale, qui voyait la « meilleure armée du monde » littéralement balayée par plus puissante et mieux préparée qu'elle, il se mit à plaindre les soldats qu'il avait côtoyés des mois durant, se demandant à quels combats ils prenaient part à présent. Avec un Lebel et quelques cartouches, il les devinait inaptes et trop tendres pour affronter victorieusement les cohortes ennemies.

Un beau soleil estival brillait et Joseph se demandait comment on pouvait assumer la responsabilité de tuer et de détruire ce que des générations avaient édifié à la sueur de leur front, alors que tout invitait au calme et à la promenade. Des milliers de soldats et de civils avaient déjà péri. En temps de paix, un simple homicide était puni de mort, aussi comment justifier des milliers d'homicides, froidement perpétrés ? Joseph essayait de se mettre à la place d'un soldat qui aurait dû choisir entre tuer et être tué : pouvait-on vivre avec la conscience chargée d'un crime ?

Il n'y avait plus de journaux ; les seules informations arrivaient par la radio, en particulier les stations suisses, qu'on disait neutres. Un agriculteur de la région rhénane, à qui l'armée avait interdit de rentrer chez lui, avait entendu des détonations du côté de la forteresse construite face au Rhin. Il ignorait cependant qui tirait, et sur quelle cible. Dans le doute, il avait cherché son salut dans la fuite à couvert, tandis qu'un escadron de Stukas menait une joyeuse sarabande au loin.

L'irruption des forces ennemies dans le Nord et le début du conflit armé obligeaient le village à s'interroger : quelles étaient les intentions des belligérants en territoire alsacien ? Les jeunes arguaient que l'Alsace n'était pas le Nord ; ils avaient entière confiance dans les capacités de résistance des troupes du secteur, en sécurité sous le béton des bunkers. Mais les adultes, dont l'attachement à la France commençait à mollir, prédirent la défaite et commencèrent à réfléchir, sans pudeur, à la manière dont il convenait d'accueillir les vainqueurs.

De macabres précisions sur les agissements sauvages de ceux qui prétendaient prendre en main les destinées de l'Europe en vue de la reconstitution du Saint Empire Germanique se répandirent : règlements de compte sanglants entre nazis lors de la « nuit des longs couteaux », abjects pogromes antisémites, élimination de toute opposition politique, religieuse ou philosophique, ainsi que des handicapés, des Tziganes et des homosexuels, au nom de la constitution d'une race supérieure résumée par le slogan *Ein Volk, ein Reich, ein Führer*.

Puis les langues se délièrent tout à fait, et des voix s'élevèrent pour ne pas donner tort aux nazis de vouloir mettre à la raison Juifs, communistes, francs-maçons et marteler qu'il faudrait en faire autant en France. Tout cela jeta le pauvre Joseph dans l'embarras. Il avait entendu au catéchisme qu'il fallait condamner le régime laïc républicain et prendre exemple sur l'Allemagne chrétienne, qui avait prorogé le Concordat. Néanmoins, force était aujourd'hui de reconnaître que le régime national-socialiste portait en lui les germes de l'inhumanité, de la cruauté et du mépris des races dites inférieures, en contradiction fondamentale avec les leçons de catéchisme, où le curé parlait tout le temps d'amour du prochain, de justice et de tolérance.

La presse locale, friande de clichés, publia une photo représentant de fringants jeunes gens germaniques, en uniforme, cravatés, chemise impeccablement repassée, poignard au ceinturon, pantalon de cuir, chaussettes de laine et souliers vernis, défilant en ordre serré dans les rues, ovationnés par une population en liesse. La photo était en noir et blanc, et Joseph ne pouvait donc savoir si tous ces beaux éphèbes avaient le regard bleu et le poil blond, traits nécessaires et suffisants pour appartenir à la race supérieure des Aryens, originaire des hautes montagnes d'Asie centrale, dont le peuple allemand se prétendait l'unique descendant. Joseph, qui ne remplissait aucune des deux conditions, se dit qu'il ne pouvait donc être Allemand, pas plus, du reste, que la plupart des habitants du village dont les cheveux étaient châtains, et les yeux noirs, verts ou bruns.

Alors que la communauté juive subissait des agressions dramatiques en Europe, l'Église s'associait à sa manière – manipulatrice – à ces exactions, dans cette période de grave dévoiement des consciences. Le curé menait ses ouailles par le bout du nez, en jouant avec les sentiments et l'irrationnel, comme les dictateurs jouaient avec les sentiments de leurs peuples. Mais Joseph était encore trop jeune pour s'en aviser. En quête d'éclaircissements, Joseph se tourna vers la mère. Quelle justice permettait de faire endosser aux enfants la responsabilité des agissements de leurs parents, ou aux marchands de bestiaux et de tissus des environs la responsabilité de la mort de Jésus sur le Golgotha ? Comment faire pour qu'ils puissent échapper à la malédiction voulue par l'Église ?

Peine perdue : la mère, enfermée dans un étau de certitudes concernant le catholicisme, religion universelle et supérieure à toute autre, ne répondit à aucune de ses questions. Révolté, Joseph en vint à s'interroger plus fondamentalement sur les discriminations religieuses. Dans le village, il y avait deux familles de protestants réformés, qu'il n'était pas question de tenir isolées parce qu'elles étaient d'une autre religion : cela aurait été contraire à la doctrine de l'Évangile. Discrètes, sans histoire, elles participaient à la vie du village, et leurs enfants étaient scolarisés dans l'école des grands. Chaque dimanche, elles se rendaient au village voisin, à majorité protestante, pour participer au culte. Par contre, le fait de vivre au contact de Juifs en dehors d'un cadre commercial, ou de fréquenter un service à la synagogue, était considéré comme une souillure, une infamie, un déshonneur.

Ces interdits arbitraires excitaient la curiosité de Joseph, qui décida de visiter le temple protestant et la synagogue du village voisin, où cohabitaient les trois confessions, chacune disposant d'un lieu de culte. Il partit donc à l'heure de la sieste, et ne rencontra personne sur la route. Le temple protestant, à peu près de la même taille que l'église du village, était plus sobrement meublé, plus pauvre, sans ornement superflu et surtout sans statue de la Vierge Marie. Il s'y attarda un instant pour faire une prière catholique, s'imaginant provoquer le courroux du Dieu des protestants, et par la même occasion de Celui des catholiques pour s'être complu dans une maison de culte concurrente. Peu lui importait : à la fin de la semaine, il confesserait à l'abbé cette indélicatesse faite au Seigneur des catholiques.

Arrivé sur le parvis cimenté de la synagogue, il posa sa bicyclette contre un thuya, et fut tout étonné de trouver la porte ouverte, en pleine semaine. À l'intérieur, il remonta une allée centrale, entourée de bancs en demi-cercle, en fixant le plafond. Un vieil homme à barbe blanche, coiffé d'une kippa, l'interpella sèchement, d'une voix aigre :

– Les visites de curiosité ne sont pas autorisées. La synagogue est un lieu de prière. Sortez sur-le-champ, si vous ne désirez pas que je vous donne une sérieuse correction.

Joseph fut chassé du lieu de culte, après s'être excusé. Dehors, il fut tout étonné de ce qui venait de lui arriver : il était entré pour la première fois dans une synagogue et n'en était pas mort !

« Sie kumme ! »

C'était une tradition dans le village, quand les soirées d'été étaient douces et que la brise nocturne chassait les moustiques, de sortir bancs et chaises dans la rue pour bavarder entre voisins, après une journée de travail caniculaire. Joseph, en tant qu'aîné de la famille, fut autorisé à s'y associer, une fois les trois frères au lit, à condition de laisser parler les grandes personnes. C'était l'un des rares moments de détente entre voisins, ouvriers de la cité et paysans mêlés.

L'actualité incertaine et menaçante offrait matière à des échanges nourris ; mais, personne ne sachant par quel bout attaquer l'épineux sujet, on prêtait davantage attention aux hululements des oiseaux de nuit qui avaient élu domicile dans les greniers et les granges. Or la langue de chacun brûlait, avide de libérer le trop-plein de réflexions accumulées derrière le métier à tisser ou à l'étable. N'y tenant plus, un vieil homme se lança, imputant pour la énième fois le désordre et la guerre à l'incurie des gouvernants et des généraux. Le ton monta, les échanges fusèrent, bruyants et désordonnés. Tout à coup, l'un des débatteurs aperçut des ombres qui bougeaient dans le clair de lune, à quelques dizaines de mètres de là. De petits groupes de silhouettes silencieuses s'approchaient, hagardes. La conversation animée mourut aussitôt.

Les meilleurs militaires du monde fuyaient, le calot de travers, sans arme, avec pour tout bagage une musette bourrée de victuailles et un bidon pendu au ceinturon.

Certains étaient chaussés de souliers à semelles cloutées, les mollets comprimés dans les bandes molletières ; d'autres, les pieds écorchés par les longues marches harassantes, portaient leurs brodequins autour du cou. Ils offraient, en modèle réduit, l'image d'une armée en déroute, humiliée. On les salua ; ils ne répondirent pas. Pris de pitié, on leur offrit un gîte pour la nuit mais ils refusèrent, sans doute par honte d'abandonner aussi lamentablement la partie, et s'en furent comme ils étaient venus, en direction de l'ouest, dans leur hâte d'échapper à quelque menace que les civils évaluaient imparfaitement.

Petit Joseph n'en croyait pas ses yeux. Il courut se réfugier derrière l'immeuble pour pleurer de rage et de déception. Quoi ? Ces jeunes héros qu'on donnait jusqu'alors vainqueurs, voilà qu'ils détalaient comme des biches aux abois... Tout s'écroulait. Ses efforts pour devenir un jeune Français lettré, son acharnement présent et sa confiance en l'avenir allaient-ils être abandonnés, avec la belle Alsace, aux appétits de l'ogre nazi ?

La crise de larmes surmontée, Joseph reprit place sur le banc. Il refusa même de rentrer se coucher avec les parents, s'entêtant à rester dehors pour manifester sa sympathie envers les fuyards, qui continuaient de défiler à un rythme régulier, par petits groupes effarés. Curieux de savoir d'où ils venaient, Joseph puisa dans sa réserve de mots pour construire une ou deux phrases qu'il répétait à chaque passage. Surpris, les soldats tournaient la tête vers lui, amorçaient un sourire triste avant de reprendre leur marche sans un mot, en direction de l'ouest. Enfin, un soldat au visage moins tendu que ses compagnons lui fit une réponse brève, hachée, à peine audible :

– De... là-bas...

Quelques types s'arrêtèrent pour expliquer leur mésaventure, le temps de reprendre haleine. Ils s'étaient défendus dans leur bunker jusqu'au dernier obus ; leur chef, un sous-officier d'active, leur avait alors conseillé de profiter de la nuit pour décamper en direction des Vosges, afin d'y reconstituer les unités repliées en vue de la reprise des combats.

Aux premières lueurs de l'aube, le flot cessa et Joseph rentra discrètement pour trouver un peu de repos. Mais celui-ci se dérobait : l'image de ces combattants défaits le hantait. Dès qu'il fit jour, le ciel s'emplit d'un carrousel d'avions de chasse français et allemands, au-dessus desquels tournoyait, plus narquois que jamais, le Fiseler Storch.

Tout le monde se terrait chez soi, le plus souvent dans les caves. L'usine coupée du monde avait fermé ses portes ; les agriculteurs hésitaient à sortir, même pour nourrir le bétail ; les enseignants refusaient quant à eux d'accueillir les enfants. Seul le bourdon du clocher résistait à la vague de désespoir, battant tranquillement le rappel des heures, des angélus et des offices, afin que survive, au milieu du chaos, l'aspiration à retrouver le rythme des activités qui faisaient la trame des existences villageoises.

Dans les chaumières, chacun tremblait pour la vie des mobilisés, dont on n'avait plus de nouvelles ; les parents se demandaient s'il fallait vraiment que leur progéniture fréquente encore l'école française, puisque l'occupant s'emploierait à extirper des esprits et des cœurs toute référence à la France ; les commerçants redoutaient la fermeture de l'usine textile, car la population ouvrière était leur meilleure clientèle. Certains affirmaient qu'on ne tarderait pas à manquer de tout, en conséquence de la défaite. Mesures de réquisition (chevaux, voitures, production industrielle et agricole, etc.), taxes pour couvrir les dépenses d'entretien de l'armée d'occupation, cartes d'alimentation : tous, des petits aux adultes, devraient apprendre à se rationner. La mère ne s'en émut pas outre mesure, puisque, allemand ou français, quand on était pauvre, il fallait de toute manière compter sou après sou, et souvent renoncer.

Une sombre menace planait : celle de voir se répéter, en Alsace-Lorraine, l'annexion sans condition qui avait suivi la défaite face à la Prusse en 1870 : expulsion manu militari des francophones et francophiles, des opposants au régime, tous arrachés avec une brutalité aveugle à leur vie, à leur travail et à leurs amis. Au village, il n'y avait pas grand souci à se faire pour les francophones, qui étaient rares, et le plus souvent fonctionnaires ; et personne ne regretterait la disparition des Juifs, dont aucun n'habitait sur place.

Le soir venu, la mémoire encombrée des dramatiques événements de la veille, les gens ressortirent chaises et bancs, en attente d'éléments susceptibles de corser leur existence tissée de banalités. Personne ne parlait de politique, ni de stratégie militaire ; tous les regards se tournaient spontanément vers l'est et le coin de la rue, à quelques dizaines de mètres de là, d'où avaient surgi, la veille, les débris d'une armée en déroute. Le cœur battant, Joseph se promettait de mobiliser au mieux les connaissances acquises en classe, pour les aider de son mieux.

Vers dix heures, les échanges se languissaient dans une expectative haletante, quand sortirent de l'ombre des grappes de silhouettes gémissantes et ahanantes qui se traînaient vers l'ouest, en grande détresse. Ému aux larmes à la vue de ces jeunes gens hagards, précocement vieillis sous le poids des épreuves, et faisant fi des rebuffades qu'ils pourraient lui opposer, Joseph parla aux soldats harassés qui s'arrêtèrent un instant pour l'écouter. L'enfant sentit monter en lui les prémisses d'une forme de compassion lucide, par laquelle il devinait la profondeur de leur infortune. Il souffrait avec les blessés, dont le sang caillé maculait le bandage sommaire, et avec ceux que leurs pieds sanguinolents, serrés dans des chiffons en lambeaux, faisaient cruellement souffrir.

Les malheureux n'eurent pas la force de refuser la boisson, ni les soins sommaires. Jamais Joseph n'aurait imaginé que les villageois, peu gâtés par la vie, manifesteraient une telle ferveur fraternelle : une voisine déchira un drap pour faire des compresses ; les hommes fournirent des cruches de vin du pays, de gros bidons d'eau et quelques fioles d'eau-de-vie. Une bonne vingtaine de soldats se rafraîchirent le visage dans l'eau fraîche d'un baquet, tandis que deux ou trois trempaient leurs pieds en sang dans des cuvettes et les enveloppaient de chiffons propres. Les uns remplissaient leurs bidons d'eau, d'autres goûtaient l'aigre piquette en grimaçant, et quelques-uns se laissèrent tenter par une bonne rasade d'eau-de-vie, qui les fit tousser d'importance.

Ces hommes meurtris racontèrent en quelques mots le drame qui se déroulait dans les blockhaus à proximité du Rhin. L'une des forteresses continuait à résister, en dépit du déluge de feu qui s'abattait sur elle. Immobilisés par des tirs d'artillerie venus de l'autre côté du Rhin, alors qu'ils devaient prendre la relève du groupe qui tenait le bunker, ils avaient profité de la nuit pour échapper au feu ennemi. Sans carte ni encadrement, puisqu'ils avaient perdu de vue leurs deux sous-officiers, ils s'enfuirent vers l'ouest, à la boussole. Les hommes de troupe livrés à eux-mêmes se dispersèrent dans un sauve-qui-peut généralisé vers les Vosges, avec le vague espoir d'y reconstituer une nouvelle unité combattante. Ils mirent du temps à traverser la forêt rhénane et ses nombreux cours d'eau, dont le commandement avait fait sauter tous les ponts. Comme ils manquaient de munitions, ils jetèrent leurs derniers fusils, devenus inutiles, dans un trou qu'ils recouvrirent de branchages.

Au bout d'une heure, parvenus au terme de leur histoire, réconfortés par l'accueil, l'écoute et les soins des habitants, les soldats reprirent la route en clopinant. Qu'allaient-ils devenir ? Avaient-ils assez d'avance pour échapper à la capture ? Qui pourrait leur insuffler l'esprit combatif nécessaire pour soutenir un nouveau choc ? Ébranlé par toutes ces questions, chacun se retira en silence.

Comme la veille, Joseph resta seul sur place, au milieu des baquets et des serviettes. Peu à peu, les soldats se firent moins nombreux et, semblait-il, plus alertes, ne tenant nullement à perdre un temps précieux. Le dernier groupe, constitué de trois hommes et d'un gradé, adjudant ou sous-lieutenant, passa vers deux heures. Tenant une carte d'état-major et une lampe de poche, ce gradé, sans doute le seul à avoir préféré partager le sort de ses subordonnés plutôt que de fuir en véhicule, avait fière allure. Confus et humilié, il refusa de répondre au salut de Joseph, qui décida qu'il était temps de rejoindre ses frères au lit.

Le lendemain matin, Joseph et les siens furent réveillés très tôt par les cris des voisins :

– *Sie kumme !* (Ils arrivent !)

Tout ce qui avait de bonnes jambes se hâtait vers la départementale qui traversait le village, pour accueillir les Allemands. Commandée par un officier à cheval, l'infanterie allemande se déployait en ordre parfait, au pas cadencé, rythmé par des chants guerriers. Casquée, bottée, harnachée comme dans les journaux ou les actualités du cinéma, elle impressionnait les spectateurs. Les sentiments de pitié et de compassion que ces derniers avaient éprouvés, quelques heures plus tôt, pour ce qui restait de l'armée française, s'étaient évaporés. La plupart des villageois affichaient maintenant une naïve admiration pour cette autre jeunesse, également à bout de force, le visage en sueur, qui défilait impassible, tête haute, regard figé au loin, martelant le macadam de toutes ses semelles cloutées. Le contraste avec les événements de la veille troubla Joseph, qui ne comprenait pas le brutal revirement des villageois.

Prélevés sur le contingent de Pologne, ces détachements de la Wehrmacht progressaient sans coup férir, tant la résistance des unités françaises était friable, une fois la ligne des fortifications franchie ou contournée. Et le coucou, toujours le même, passait et repassait à quelques dizaines de mètres au-dessus de la foule.

Au passage de l'une des compagnies qui déferlaient sur le village à intervalles réguliers, le capitaine commanda à son unité de s'arrêter. Avant de descendre de monture, il fit mettre les bardas à terre et les fusils en faisceaux. Forte de cent trente-cinq hommes environ, dont une demi-douzaine de sous-officiers, la troupe se révéla très composite, quelques papis encadrant des jeunots sans doute volontaires.

– *Wasser !* cria l'officier à la cantonade.

Le patron de l'hôtel-restaurant obtempéra et fit remplir un bac d'eau, additionnée de quelques bouteilles de Kiravi.

– *Trinken !* ordonna le capitaine, d'une voix rauque, à l'un des employés, qui trempa un verre dans la mixture et but son contenu, sans montrer le moindre symptôme d'empoisonnement.

Les soldats, en file indienne, se préparèrent à remplir chacun son bidon. Ceux qui avaient demandé l'autorisation purent se soulager dans les urinoirs et les cabinets de l'école des grands, sous la protection d'un vigile en armes. Comme l'arrêt se prolongeait, une autre compagnie s'approcha. Devant le tableau, l'officier qui la commandait dut renoncer à faire une pause pour profiter des lieux d'aisance et se rafraîchir. Il mit son unité au pas de l'oie, afin de se frayer un passage à travers le parfait alignement des bardas, puis reprendre le pas cadencé en chantant.

Pendant un moment, ce fut la confusion totale. Les utilisateurs des WC, croyant le départ donné, se hâtèrent de refermer leur braguette et de ceindre leurs pesantes cartouchières, pour découvrir que leurs camarades attendaient placidement leur tour devant le bac d'eau et les toilettes. Nombre d'entre eux, victimes de besoins urgents, se disputaient l'ordre de passage et quand le chef décida que les choses avaient assez duré, il fit rassembler son monde, obligeant les uns à repartir le bidon vide et le gosier à sec, et les autres à se soulager contre la remise de l'école, la mine déconfite. Comment marcher au pas, chanter, quand on a le ventre en ébullition et la gorge en feu ? Le chef remonta à cheval, et la troupe s'ébranla.

Une foule de sentiments contradictoires animait les villageois face au spectacle de l'ordre teinté de ridicule. Certains se souvenaient, les larmes aux yeux, d'un douloureux passé, pas si lointain ; devant cette démonstration de force brute, la plupart ne cachait pas leur satisfaction de voir enfin de la discipline dans les rangs ; enfin, quelques-uns ne pouvaient réprimer un sourire devant la scène cocasse de ces soldats déculottés sortant précipitamment des latrines. Tout cela dépassait les capacités d'entendement de Joseph. Comment les villageois pouvaient-ils concilier leur compassion de la veille envers les rescapés français en fuite, et cette soumission servile à l'uniforme ennemi ? Le laisser-aller des unités françaises casernées au village n'avait pas été sans inquiéter Joseph, mais il ne s'attendait pas à ce compromis si rapide avec la soldatesque teutonne.

Plongé dans ses pensées, il tressaillit en apercevant, debout sur les marches de l'hôtel-restaurant, trois individus en uniforme gris clair, chaussés de bottes de luxe cirées de frais, tenant à la main une casquette frappée du sigle SS. L'un des trois n'était autre que l'homme au crâne rasé qu'il avait vu avec son père, prenant des notes au milieu du chantier d'un bunker. Hilare, celui-ci le fixait de son regard bleu acier, pour bien signifier que lui aussi l'avait reconnu. Ce n'était donc pas un officier du génie français, supervisant le travail des sapeurs ! Profitant du relâchement de la surveillance aux frontières, il était venu prendre la température de la population, dresser le relevé topographique du système de défense, sonder le moral des troupes et la nature des matériels de combat...

Abasourdi, écrasé par l'amertume, Joseph fut parmi les derniers à rentrer. Il ne pouvait se résoudre à la perspective des jours difficiles qui s'annonçaient sous le joug des vainqueurs, enivrés par leur conquête brutale et inespérée. Avec l'arrivée de l'occupant, il fallait se préparer à devenir quelqu'un d'autre, à fréquenter une autre école, à apprendre une langue nouvelle. Ce qui, parmi tous les changements à venir, parut évident à Joseph, c'était qu'il resterait l'enfant de la cité ouvrière. La future autorité avait beau se proclamer nationale-socialiste, l'égalité en droit et en devoirs à l'intérieur des frontières du Reich ne pouvait être qu'un leurre.

Rentré chez lui, Joseph alla se terrer dans le couloir, derrière les plantes vertes. Dans la cuisine, le père, prostré à un bout de la table, avait la tête entre les mains et les yeux humides. Ce qui le préoccupait au premier chef, c'était son avenir de contremaître ; le directeur de l'usine allait être expulsé pour ses sentiments francophiles et ses états de service dans l'armée française, et personne ne savait si l'usine reprendrait son activité, ni quand ni comment. Il s'en était fallu de peu qu'il ne fût l'un de ces soldats en déroute : mais il avait fait quatre enfants à la patrie. Pour une fois, la chance lui souriait, se disait-il pour tenter de conjurer le désespoir.

De son côté, comme si de rien n'était, la mère pétrissait gaillardement la pâte d'une tarte aux fruits, s'étonnant tout haut de ces étranges mutismes dont elle était l'involontaire témoin. Elle n'était pas sortie à la rencontre des Prussiens, affirmant péremptoirement qu'Allemands et Welches se valaient, et que les pauvres, quelle que fût leur nationalité, demeuraient pauvres, et qu'on leur refusait toujours le droit à la parole. Il n'y avait pas de quoi prendre le Ciel à témoin de son infortune, puisqu'en définitive c'était Lui qui avait voulu qu'il en fût ainsi, point final.

La rançon

En ce jour dramatique, la mère à court de pain envoya Joseph chez le boulanger. Il revint bredouille, parce qu'une compagnie de soldats allemands avait pillé la boutique. La petite mercerie avait subi le même sort : lingerie, fils, aiguilles et boutons nacrés, tout avait disparu. À quoi pouvaient bien servir ces objets dans la vie d'un fantassin ? Peut-être les avaient-ils expédiés chez eux ; un bruit circulait dans le village, selon lequel, au nom de l'effort de guerre, des mesures de restriction étaient imposées à la population d'Allemagne, les soldats du front étant prioritaires, puisqu'ils servaient le Reich au prix de leur vie. On parlait de cartes de rationnement et de produits de substitution, les ersatz.

– Le pain manque ? Eh bien, on se contentera de pommes de terre en salade et d'œufs durs, trancha la mère.

Quelque temps plus tard, la radio allemande annonça que les lignes françaises étaient enfoncées et que la Wehrmacht faisait main basse sur des quantités de matériels qui n'avaient pas servi. Selon des voisins, d'interminables colonnes de prisonniers, encadrés par des soldats en armes, cheminaient sur la route nationale en direction de l'Allemagne. Parmi elles, se trouvaient la plupart des unités qui, pendant la drôle de guerre, avaient leurs quartiers au village et dans les environs. Désœuvrés et curieux, Joseph et son père voulurent en avoir le cœur net.

Ils ne s'attendaient à une telle désolation... Sinistre vision, que celle de cette jeunesse française avançant en rangs serrés vers la captivité – pour combien de temps ? Dieu seul le savait. Au fur et à mesure de leur progression, ils se défaisaient dans le fossé, qui d'une valise trop lourde, qui d'une capote inutile sous la canicule, qui d'une paire de souliers de réserve. Sous la menace de biffins qui semblaient avoir la gâchette nerveuse, un commando de prisonniers ramassait ces effets et les jetait pêle-mêle dans trois attelages réquisitionnés. Dans le convoi, un caporal poussait une bicyclette très sophistiquée pour l'époque, avec dérailleur et braquet. Arrivé à la hauteur du père et de Joseph, qui se trouvaient en contrebas, l'homme quitta les rangs après s'être assuré qu'on ne le voyait pas, et lança prestement la bicyclette vers eux :

– Prenez-la avant qu'un vigile ne s'en empare !

Sans demander son reste, le père s'empara de ce cadeau inattendu ; ils allaient repartir, quand des voix hilares, venues du milieu de la colonne, les hélèrent avec insistance. Ils se retournèrent, pour découvrir cinq visages connus, ceux de militaires cantonnés au village pendant la drôle de guerre. En bons Méridionaux, ils s'efforçaient de faire bonne figure. Mais leur voix enrouée, plaintive, ne parvenait pas à donner le change : sous l'ironie, perçait l'inquiétude et l'angoisse du lendemain.

En quelques mots, ils racontèrent leur odyssée jusqu'à la capture ; sans doute avaient-ils été dénoncés par un paysan des Vosges las de voir son champ de pommes de terre, en pleine floraison, régulièrement saccagé par des fuyards. Ils avaient frappé à bien des portes de fermes pour se procurer des vêtements civils, sans succès. Évitant les agglomérations, ils avaient traîné sur les chemins vicinaux, poursuivis par les aboiements des chiens et les menaces des faneurs, qui brandissaient au loin fourches et râteaux pour les tenir éloignés. À la suite d'un moment d'inattention, des biffins vert-de-gris, qu'ils avaient pris pour de paisibles chasseurs, les avaient débusqués. Cette capture s'était produite à propos, si l'on pouvait dire, car les pauvres n'en pouvaient plus d'errer dans la campagne, la peur au ventre, moralement et psychologiquement épuisés.

Joseph comprit bien vite qu'on allait au-devant d'énormes difficultés. Les premiers contingents allemands arrivés au village jouaient les fiers-à-bras ; ils toisaient la population, exigeant une soumission de chaque instant. Dans nombre de foyers, on avait cru bénéficier de traitements spéciaux, puisqu'on était alsacien, de souche alémanique. Mais toutes les demeures furent réquisitionnées pour héberger des troupes, les officiers chez les notables, la troupe dans les granges et les pièces vides.

Discutant ferme avec les deux militaires qui prétendaient loger au premier étage de la cité, la mère ne se laissa pas démonter. Elle parvint à les faire renoncer à ce projet, en leur faisant comprendre qu'on vivait à l'étroit dans cet appartement inconfortable et difficile d'accès, que la fratrie était particulièrement bruyante et que le père se levait de bon matin pour se rendre à l'usine. Elle plaida sa cause avec tant de conviction que les deux soldats, reconnaissant le bien-fondé de son argumentaire, s'apprêtaient à partir, quand elle leur proposa un verre de vin ou une goutte de schnaps. Ce geste encouragea les deux pères de famille à évoquer avec une certaine nostalgie la douleur d'avoir dû quitter femme et enfants. Ils espéraient la fin rapide de la guerre, et ne voulaient aucun mal aux Français ni aux Alsaciens, qui se prétendaient français, mais étaient en réalité allemands. Mais pourquoi cette encombrante patrie avait-elle déclaré la guerre à l'invincible Reich millénaire, un an après Munich, se demandait le docteur sous-officier, professeur dans un Gymnasium en Basse-Saxe ?

Avec eux, on aurait pu s'entendre ; mais un savant système de délation exerçait sur eux une surveillance de tous les instants, étouffant dans l'œuf toute velléité de contestation et punissant de forteresse le moindre soupçon de parjure à la nation ou au drapeau. Certains gradés, descendants de familles expulsées manu militari d'Alsace en 1918, rêvaient de laver l'affront infligé à leurs parents : ils étaient affectés à la mise au pas des villes et des districts. Celui dont le village avait hérité installa son pouvoir en s'appuyant sur des relais locaux pas trop farouches, qui maîtrisaient suffisamment l'allemand pour se dépatouiller dans les consignes de la bureaucratie allemande.

Tout le monde fut convoqué au service d'état civil de la nouvelle administration, afin de traquer les éventuels sujets qui n'avaient pas leur place dans le Reich. Accompagnant la mère, Joseph attendit son tour de longues heures durant. Le fonctionnaire qui dirigeait le service prit un temps infini pour examiner livrets de famille, extraits de naissance et registres paroissiaux. Il s'exprimait dans un allemand saccadé, abrupt, qui fit perdre contenance à plus d'un. Quand ce fut le tour de la mère, il lui fit décliner son nom, ses prénoms, ceux de ses parents et beaux-parents, ainsi que les prénoms des quatre enfants, prenant Petit Joseph à témoin pour s'assurer que la mère ne mentait pas. Deux des frères furent rebaptisés d'office, car leurs prénoms n'avaient pas d'équivalent en allemand. À trois reprises, l'homme insista auprès de la mère pour savoir s'ils n'avaient pas de parenté juive, ce qui intrigua le garçon : à quoi bon poser pareille question, alors qu'il était évident que tous étaient baptisés par l'Église catholique ? Les marchands de bestiaux n'avaient pas attendu l'invasion pour prendre la fuite, et Joseph se demandait pourquoi la nouvelle administration se montrait si sournoisement pressée de débusquer ceux qu'elle estimait indignes de manger le pain allemand.

Chaque fois qu'il croisait des militaires en vert-de-gris, Joseph était intimidé par ces hommes qu'il trouvait trop chauvins, bruyants et d'une gaieté forcée. Aussi refusait-il les bonbons ou le chocolat qu'ils proposaient de lui offrir. En prêtant l'oreille aux cancans du village, il lui fut aisé de constater qu'en peu de temps les opinions face aux Allemands avaient pris un tour très tranché.

Une petite minorité de citoyens, franchement hostile à l'envahisseur, n'osait afficher ses convictions qu'en petit comité, par peur de devoir plier bagage avec les dizaines de milliers d'indésirables, expédiés en France « de l'intérieur ». Ils estimaient que rien de bon ne pouvait résulter de cette brutale mainmise sur le pays ; mais ils se croyaient privilégiés, et à l'abri après avoir échappé aux sévères mesures d'épuration. Toutefois, une taupe à l'oreille indiscrète s'étant glissée dans le groupe, une lourde mise en garde leur fut adressée.

La grande majorité des villageois avait accepté sans rechigner la présence des militaires allemands, braves paysans de Bavière qu'on appréciait pour leur discrétion exemplaire, leur politesse et leur serviabilité. Ils estimaient que leur devoir de citoyen du Reich leur commandait d'héberger les soldats allemands, comme ils avaient logé les soldats français, quelques semaines auparavant.

Un petit nombre de personnes avaient été immédiatement séduites par les thèses nazies, les démonstrations de force et l'ordre germanique. Convaincues d'une prochaine victoire allemande sur les Anglais, acculés dans leur île et écrasés sous les bombes de la Luftwaffe, maîtresse toute-puissante du ciel, elles optèrent tout de suite pour la collaboration ouverte ou larvée, en réaction contre le laisser-aller welche, par opportunisme ou dans l'espoir de sortir de l'anonymat de leur condition, et de mettre un terme au pénible sentiment d'infériorité qui les étouffait depuis si longtemps.

Au-delà de ces divergences, tous étaient épiés dans les moindres gestes du quotidien. Non pas tant par les occupants en uniforme, dont on se méfiait naturellement, que par ceux qu'on appelait les *Spitzel* (espions). Hommes ou femmes de l'ombre, villageois ou étrangers, ils s'étaient immédiatement mis à harceler les tièdes et les indécis. Nul ne savait d'où viendrait le danger ; chacun pouvait devenir le bourreau de l'autre.

Il suffisait d'une simple contrariété, d'un geste de mauvaise humeur ou d'un sentiment patriotique mal placé. Certaines familles francophones, supposées hostiles au régime, furent expédiées vers la France, via un centre de regroupement, avec pour seul viatique une vingtaine de kilos de bagages et quelques centaines de francs par personne.

La petite enfance fut la cible d'une tactique sournoise d'approche du monde adulte, impliquant l'ensemble des services sociaux du Reich, par la fourniture de jeux de société en langue allemande, avant l'entrée au Kindergarten. Cette initiative fut très appréciée par les petits frères de Joseph. La réglementation s'avéra nettement plus draconienne à l'endroit des jeunes qui prétendaient intégrer l'enseignement secondaire, pour échapper à la Hitlerjugend ou au Bund Deutscher Mädel. Toutefois, dans leur tentative d'embrigader la jeunesse, les autorités scolaires durent s'incliner devant les passe-droits de certaines familles. Les familles étaient harcelées par des prospecteurs qui tentaient d'enrôler le peuple dans divers mouvements nazis : en cas de refus, ils menaçaient de supprimer la carte d'alimentation, d'imposer une mesure de Umschulung (rééducation) quelque part dans le Reich, voire la déportation en camp de travail.

Le père de Joseph parvint à passer outre l'obligation de participer, le dimanche matin, aux cérémonies qui rassemblaient les adultes et la jeunesse pour célébrer à grands renforts de drapeaux, de musique et de discours, la grandeur du Reich, de son chef suprême et de ses armées victorieuses. Ces jours-là, il participait à l'office dominical avec quelques vieux paysans disséminés dans les premiers bancs. La mère avait dit aux autorités qu'elle souhaitait en faire un bon chrétien, et qu'il devait rattraper le temps perdu pendant sa jeunesse païenne... Le propre frère du père, métamorphosé en auxiliaire du régime, harnaché de cuir, en bottes cirées, se mit en devoir de le convaincre d'adhérer à un mouvement. À plusieurs reprises, il se présenta à la cité ouvrière, accompagné d'un haut responsable allemand du district. Leurs menaces étaient terriblement précises, à tel point que la mère excédée finit par mettre les deux importuns à la porte. Étrangement, le père ne fut plus ennuyé ; il resta contremaître dans l'usine de textile, sans s'affilier au parti ou à une quelconque organisation.

En revanche, la mère fut convoquée trois fois devant une espèce de jury composé de deux Allemands et d'un responsable politique du village, sans doute sur dénonciation de l'oncle, qui ne digérait pas la déconvenue qu'elle lui avait infligée. Livret de travail du père, livret de famille, livrets de baptême des parents, grands-parents et enfants : tous les documents familiaux furent passés au crible, pour vérifier qu'ils concordaient avec les registres officiels. Chaque famille devait être indemne de toute souillure juive ou tzigane, afin de ne pas contaminer la race dite aryenne.

Les services administratifs de la mairie procédaient à la distribution mensuelle des tickets d'alimentation. Peu à peu, nombre d'articles, destinés aux troupes, furent remplacés par des ersatz : café de malt, confitures au faux sucre, chaussures en carton pressé, tissus qui fondaient sous la pluie... À la campagne, on se débrouillait malgré la surveillance pointilleuse des contrôleurs, grâce aux produits du jardin et au troc. Parmi les paysans les mieux lotis, certains profitaient de la disette générale pour se remplir l'escarcelle de Reichsmark en vendant leur marchandise à prix d'or aux citadins affamés.

Chargé des commissions pour la famille, Joseph surveillait d'un œil précautionneux la pesée des denrées, que les commerçants effectuaient au gramme près. Serviable, poli et d'une honnêteté à toute épreuve, le garçon était apprécié par nombre de villageois. Mais la faim le taraudait. Quand il était le seul client, l'épicier ou le boucher le gratifiaient parfois d'une tranche de saucisson, d'un bout de chocolat ersatz ou d'un bonbon. Le samedi matin, jour du pain blanc, il entamait parfois le croûton de la miche, empiétant sur sa ration quotidienne. Et chaque soir, en revenant de la ferme, il trempait un doigt dans le gros bidon de lait pour lécher la crème remontée à la surface.

Du primaire au lycée, tous les jeunes devaient participer à l'effort de guerre et contribuer à la prospérité du Reich. Dès ses dix ans accomplis, Joseph fut envoyé chez un agriculteur, dans le cadre de l'aide aux récoltes, pompeusement appelée Ernteeinsatz. Le fils unique de la maison aurait dû être démobilisé, en tant qu'Alsacien, et renvoyé dans son foyer comme d'autres prisonniers de guerre, mais on était sans nouvelles de lui. Était-il mort en captivité ou au front ; avait-il préféré rester en vieille France, ou rejoindre le général de Gaulle à Londres ?

Quand le gros des troupes de la Wehrmacht partit pour d'autres cieux, le village se sentit soulagé. Mais le répit fut de courte durée, car elles furent remplacées par un policier chargé d'assurer la surveillance du secteur. À peine arrivé, il fut gratifié du sobriquet de « Kerzengerade », à cause de sa manière de circuler à bicyclette, droit comme un cierge de Pâques. Au début, trompés par sa démarche pesante et son ventre légèrement rebondi, les habitants virent en lui un inoffensif papi. Mais, les yeux en permanence cachés derrière une paire de lunettes opaques, arborant en toute occasion son casque de la Gestapo, et le ceinturon garni d'un Mauser et d'un poignard au manche d'ivoire, d'où pendaient deux glands à fil doré, l'homme eut tôt fait de révéler sa redoutable efficacité.

Joseph était terrifié par le ton rocailleux de sa voix, son regard cruel et impassible qui semblait percer l'épaisseur des verres fumés. Le policier était partout à la fois, renseigné par un réseau d'indicateurs répartis dans les différents quartiers du village. Il verbalisait lourdement l'agriculteur qui avait omis de nettoyer la chaussée des traces de boue laissées par les roues d'un attelage au débouché du chemin vicinal ; il surgissait à l'improviste dans les fermes au moment précis où on tuait clandestinement le cochon ; il allait jusqu'à compter les poules, les oies et les canards. De temps à autre, il fouillait une maison dont les habitants étaient soupçonnés d'écouter Radio Londres, de cacher un réfractaire au service militaire ou des prisonniers évadés.

Tout compte fait, la moisson du Kerzengerade et de sa cohorte d'espions fut plutôt mince ; malgré tous ses efforts, il n'arrivait pas à rivaliser avec la finasserie du paysan moyen. À cause de lui, quelques villageois firent connaissance avec le camp de redressement de Schirmeck, ce que personne ne lui pardonna. Finis les verres de schnaps dont il raffolait : on le fuyait ostensiblement, ce qui rendit ses réactions épidermiques d'autant plus brutales que le conflit évoluait en faveur des Alliés.

L'un dans l'autre, Joseph trouvait qu'on pouvait sans trop de problème s'accommoder de la présence des soldats, à condition de s'abstenir de les provoquer. Mais les sinistres sbires de l'Abwehr qui gravitaient autour du policier étaient d'une tout autre trempe : on avait peur non seulement de les aborder, mais même de les saluer. Leur mission était de hâter la disparition des *Untermenschen*, ces êtres de seconde zone qui, selon la doctrine officielle, ne méritaient pas de vivre. Tenant la population à leur merci, dans l'arbitraire le plus cruel, ils déboulaient sans crier gare avant de se fondre dans la nuit, une fois leur noire besogne achevée.

L'occupant accentua sa pression pour débusquer les patriotes francophiles. C'est ainsi qu'une veuve du quartier, qui n'avait pas vu deux de ses fils revenir de la guerre, reçut plusieurs visites de trois individus vêtus de cuir noir et chapeautés, qui la menacèrent de déportation en Pologne, si elle ne leur livrait pas la cachette de ses fils. Protestant de sa bonne foi, elle parvint à les éloigner ; chaque fois que la Traction avant repartait, la vieille femme demeurait longtemps sur le pas de sa porte, blanche comme cire.

À l'école du Reich

Chaque jour apportait son lot d'épreuves et, du haut de ses dix ans, Joseph avait oublié que la rentrée des classes serait pour bientôt. Démotivé, il ne voyait plus pourquoi aller à l'école. La guerre avait cassé ses projets ; du reste, l'argent manquait pour payer des études secondaires, et la perspective de réussir l'examen d'entrée en sixième s'éloignait. La réalité prit le dessus sur le rêve ; compte tenu de ses origines, il était plus sage de rester au village, avec ses camarades, et de se résoudre comme eux à quitter dès que possible les bancs de l'école pour l'usine, la ferme ou l'artisanat.

Le jour de la rentrée, ils étaient tous là, sauf les deux copains francophones, curieux de savoir quels professeurs ils auraient, sachant que le maître francophone était sans doute prisonnier d'un Oflag et que les deux jeunes institutrices n'avaient aucune chance de revenir. Ne restait que l'ex-directeur, flanqué d'un enseignant allemand venu du Bade-Wurtemberg pour prendre en main l'école des grands, et d'une dame d'un certain âge, une grenouille de bénitier célibataire. Après avoir quitté la congrégation des sœurs enseignantes pour raisons de santé, elle avait été nommée par les autorités nazies en dépit de la liberté très restreinte accordée aux cultes.

Les habitudes prises lors des années précédentes firent oublier à Joseph et à ses camarades qu'ils étaient occupés par les Allemands, que la langue française était désormais sévèrement réprimée. À l'entrée de l'école, des affiches proclamaient *Französisch streng verboten* (Le français est strictement interdit) et *Heraus mit dem welschen Plunder!* (Dehors la pacotille française !) Malgré ces slogans comminatoires, ils ne purent s'empêcher de parler l'habituel sabir franco-alsacien, jusqu'au moment où retentit ce rappel à l'ordre :

– *Ihr Jungen, französisch sehr streng verboten, elsässisch ist fast deutsch. Aufpassen, bitte!* (Jeunes gens, il est rigoureusement interdit de parler français, l'alsacien est presque de l'allemand. Attention, s'il vous plaît !)

L'ordre allemand fit son entrée dans la cour : sans tarder, les élèves furent alignés en trois colonnes, grands, moyens et petits. La classe de Joseph, rejointe par quelques grands pour établir une juste répartition numérique entre les trois niveaux, hérita du monsieur allemand.

À peine installés devant leurs pupitres, les élèves eurent droit à une vibrante harangue sur l'intérêt de s'exprimer en allemand, ainsi que sur la grandeur et la générosité du Reich, qui offrirait aux populations bien plus que n'avaient pu le faire les autorités françaises. Le français et tout ce qui rappelait la France seraient dorénavant rudement sanctionnés, et les punitions aux contrevenants graduées pour aboutir en camp de rééducation. Les allusions au désordre français et à la médiocrité des armées alliées suscitèrent un certain malaise, bien qu'une connaissance lacunaire de l'allemand empêchât la plupart des jeunes de saisir l'intégralité du discours qu'on leur tenait. Ils comprirent néanmoins qu'un avenir radieux s'ouvrait devant eux au sein du Reich, à condition de s'en montrer digne, de travailler pour le mériter, d'être sain de corps et d'esprit, prêt au sacrifice pour le *Vaterland*.

La première mesure consisterait à se débarrasser des manuels scolaires français ; l'instituteur exigea qu'on les rapportât dans la journée même. Personne ne perdrait au change, car les ouvrages allemands étaient de loin supérieurs, en contenu et en présentation. Le terrible autodafé, annonciateur de crimes plus barbares, eut lieu dans la cour, sous la responsabilité d'un employé communal en impeccable costume gris, cravaté de bleu sur fond blanc. La tactique d'éradication du français des consciences enfantines, consistant à réduire brutalement en cendre tout leur passé scolaire, fut ressentie comme une agression inutile, même par les dialectophones les plus acharnés. Les autorités tentèrent de se concilier les faveurs des parents, en décidant de faire désormais appel aux employés municipaux pour monter le bois au grenier, en dépit des réserves du personnel communal, qui avait bien d'autres urgences à satisfaire que d'approvisionner les classes en bois de chauffage.

L'école avait bien changé. Les armoires, où les institutrices avaient soigneusement rangé leurs documents avant les vacances, étaient vides, et les murs nus. Par contre, les bancs étaient remarquablement fourbis et le sol reluisant; des produits d'entretien avaient été importés d'Allemagne. Au désespoir des élèves, la date au tableau était écrite en caractères gothiques. Le maître leur remit de beaux manuels reliés, à la gloire du Reich, avec des illustrations très suggestives où les chevelures blondes dominaient. Il y avait d'ailleurs là quelque contradiction, puisque la plupart des soldats que Joseph et ses camarades pouvaient croiser n'étaient pas blonds. Ils furent invités à prendre soin des nouveaux livres, et à permettre à tous les membres de leur famille de les consulter, pour que chacun pût s'y instruire.

À la fin de l'heure, le Magister demanda si quelqu'un avait entendu parler du Führer et ce qu'on en pensait. Un élève du deuxième rang leva la main et répondit, en toute naïveté, qu'en l'entendant hurler dans la TSF il avait demandé à ses parents ce que les *Juden* lui avaient fait pour justifier une telle colère. L'instituteur en profita pour évoquer le mal que Juifs, Tziganes, marxistes et sociaux-démocrates faisaient au Reich, et qu'ils feraient sans doute à d'autres pays si personne ne les arrêtait. Il prit les élèves à témoin que le destin avait confié à l'Allemagne la mission de neutraliser par tous les moyens les ennemis de la civilisation occidentale, en isolant les fauteurs de troubles de la population saine.

Puis il passa à des considérations concrètes : comme le peuple allemand avait consenti aux armées des moyens humains et financiers considérables, de nombreux professeurs étaient engagés dans les forces armées ; par conséquent, les élèves auraient alternativement classe le matin ou l'après-midi, pour permettre aux trois enseignants de suivre des stages de perfectionnement professionnel ou de réadaptation. Il était exclu, car trop cher, d'engager des auxiliaires. Cette nouvelle, qui réjouit la classe, fut néanmoins tempérée par l'annonce de l'organisation d'activités utiles à l'effort de guerre et à la victoire finale. Au nom de la solidarité nationale, la jeunesse était mobilisée dans la chasse aux doryphores, sous la conduite d'un agent municipal réquisitionné à cet effet.

Le passage du français à l'allemand posa moins de problèmes que prévu. Les dialectophones étaient décidément privilégiés, et Joseph s'enhardit à lire des ouvrages imprimés en gothique. Pris par une boulimie de lecture, il se mit à faire des pieds et des mains pour dénicher les œuvres complètes de Karl May. Les parents ne trouvaient rien à y redire, ce qui ouvrit soudain à Joseph une fenêtre sur le monde et lui offrit une chance réelle de rattraper le temps perdu. Sous l'effet d'une farouche soif de connaissances, ses résultats scolaires demeurèrent excellents, et l'entrée au lycée lui parut de nouveau à portée de main, quitte à ce que ce fût sous un régime allemand.

Après une courte période, au cours de laquelle les rapports avec l'occupant étaient dénués de toute agressivité, la population finit par se lasser des continuels démarchages d'agents de recrutement nazis, des incitations au boycott des services religieux, des prélèvements croissants de denrées alimentaires au bénéfice des armées et des finasseries humiliantes des fonctionnaires de l'administration. Le train-train quotidien reprit son cours, et les cafés se remplirent de leurs habituels clients.

Du bistrot, on pouvait à tout instant se voir transféré au camp de redressement de Schirmeck : il suffisait d'entonner quelques mesures de *La Marseillaise*, de porter un béret basque sous son chapeau, de se moquer publiquement du Kerzengerade ou d'un quelconque représentant de l'autorité, pour qu'un homme en civil vînt vous arrêter. Parmi les piliers de comptoir, il y avait en permanence un espion anonyme tapi ; bientôt, plus personne ne sut à qui se fier, et la suspicion devint générale.

Tout le monde parlait de Schirmeck, menace d'autant plus redoutable que personne ne savait au juste ce dont il s'agissait. Ceux qui y effectuaient un séjour revenaient la tête rasée, le visage hâve et les yeux éteints. Ils se terraient chez eux, sortaient rarement, comme atteints d'une maladie contagieuse. À la libération, comme on finit par l'apprendre, ils étaient condamnés au silence, sous peine de réintégrer le camp, voire d'être internés au sinistre Struthof.

Dans la classe de Joseph, la compétition entre élèves faisait rage ; tous les espoirs égalitaires qu'avait fait miroiter l'enseignant, en vertu des principes du national-socialisme, se brisaient contre l'écueil des préjugés sociaux dont les pauvres demeuraient les victimes. Ce qu'il restait à Joseph d'enthousiasme juvénile se mua inexorablement en une morosité dont il usait pour s'isoler. Il ne cessait de répéter qu'il était le meilleur en classe et que ses camarades lui en voulaient de jouer au plus malin. Mais il avait beau se battre pour faire la course en tête, l'instituteur ne l'entendait pas de cette oreille, qui s'était laissé soudoyer par quelques familles paysannes aisées, pour se concilier les bonnes grâces d'une partie de la population et se faire pardonner d'être allemand.

Si les parents de Joseph avaient pu le faire bénéficier des mêmes largesses, le soupçonneux Kerzengerade ne se serait sans doute pas présenté à l'improviste pour compter les volailles qu'on nourrissait dans le marécage où se déversaient les eaux usées de la cité. Carnet et crayon en main, il se risqua dans l'enclos boueux, provoquant la fuite du coq et de ses compagnes, et s'enfonça dans la gadoue malodorante où il resta englué un bon moment, poussant d'affreux jurons. Mais toute envie de rire fut étouffée quand on l'entendit parler de sabotage. La jambe droite prenant appui sur une motte plus ferme, il s'efforçait d'extraire la gauche, qui finit par sortir sans botte, livrant au regard effrayé de la mère une chaussette noire couvrant un mollet dodu. Dès cet instant, le policier perdit son aura mythique aux yeux de Joseph, qui suivait la scène, embusqué. À l'aide d'un râteau, la mère parvint tant bien que mal à le tirer de ce mauvais pas ; mais la botte, sertie dans une masse informe et puante, opposa une résistance plus acharnée.

– *Scheusslich !* (Infect !) finit-il par maugréer, reprochant à la mère de ne pas l'avoir mis en garde.

Impavide, celle-ci lui répliqua qu'il était entré sans prévenir. Joseph proposa au Kerzengerade de laver sa botte, mais il refusa net. Il se fit conduire à la pompe du jardin, suivi des enfants de la cité en procession. À cloche-pied, pendant que Joseph pompait, le policier dégagea son trophée de sa gangue de boue avec une pelle d'enfant, à la manière d'un barbier dégrossissant une barbe coriace d'une semaine. Puis il s'en fut chercher sa revanche dans un clapier qui appartenait au voisin de palier, et Joseph lui fit comprendre en alsacien qu'il se trompait. Sentant le danger, les lapins se mirent à courir en tous sens, obligeant le bouillonnant contrôleur à reprendre ses calculs à trois reprises, avant de déclarer forfait.

Avant qu'il quitte les lieux en grommelant, la mère tenta encore de l'amadouer en expliquant que la famille était pauvre, les poules faméliques et peu fécondes. Par un heureux hasard, on avait mangé plusieurs fois du civet dans les jours précédents et les lapines, dont on attendait la mise bas d'un instant à l'autre, avaient pris du retard. Derrière leurs rideaux, les voisines hilares n'avaient pas perdu une miette du spectacle, mais aucune n'osa ébruiter l'affaire, par peur de représailles.

Une lueur d'espoir

Dans le bon peuple de Dieu, nul n'osait contester la volonté de la Providence, dont les décrets étaient acceptés avec résignation ou confiance. Il ne se passait pas une semaine sans que l'officiant assurât que justice serait faite aux pauvres au Paradis, et que ceux qui ne se révoltaient pas ici-bas contre les desseins du Créateur obtiendraient une place de choix au Royaume des Cieux, en récompense de leur fidélité. Quant aux riches qui bénéficiaient d'avantages refusés aux pauvres, il leur serait plus difficile d'entrer au Paradis, selon la formule consacrée, qu'à un chameau de passer par le chas d'une aiguille. Mais, quelle que fût l'habileté rhétorique du prêtre, la population se rendait compte que les nantis continuaient à prospérer, avec la bénédiction du clergé, qui avait tout intérêt à pactiser avec les propriétaires terriens.

Le curé faisait peu de cas de Joseph, sans doute parce que le monde ouvrier, dont il incarnait la troisième génération, renâclait généralement à s'incliner devant la soutane. La mère acceptait quant à elle l'entière sujétion à l'Église, au prétexte que Dieu avait voulu qu'il y eût des ouvriers, et qu'on ne devait pas tenter de s'affranchir de cette condition. Par conséquent, elle ne permettrait pas à l'un de ses quatre garçons de se lancer dans d'hypothétiques études ; il y avait assez d'enfants de riches pour remplir les lycées, et l'ouvrier n'avait qu'à rester sagement à sa place. Sa mère à elle l'avait empêchée en son temps d'apprendre le français en cours du soir, et elle jugeait malséant, au surplus, d'autoriser l'un à se hisser au-dessus des autres.

Joseph réalisait ce que vendre sa force de travail contre une médiocre rémunération signifiait au quotidien pour celle qui gérait le budget familial, en termes d'incertitude, d'angoisse et de vulnérabilité sociale. Ses trois frères et lui comprirent peu à peu qu'ils étaient les objets innocents d'un marché qui liait le couple au patron de la fabrique où le père était contremaître : la fourniture d'un toit pour un loyer symbolique, contre la promesse d'envoyer tous les rejetons mâles à l'usine. Aussi, quand des personnes bien intentionnées pressèrent les parents de le laisser tenter l'aventure de longues études, l'aîné accueillit cette proposition avec soulagement.

Selon l'argumentaire de ces alliés inespérés, en l'envoyant dans un établissement éloigné, offrant des garanties de sécurité et de neutralité politique, les parents mettraient leur fils à l'abri de l'intoxication nazie. Il serait dommage, ajoutaient-ils, de gaspiller cette bonne intelligence qui ne demandait qu'à s'épanouir : pourquoi ne pas le préparer aux études théologiques, au cas où l'occupant quitterait les lieux, et où la liberté religieuse serait rétablie dans toute son intégrité ? Cette conjecture osée, l'heure de la chute de Stalingrad n'ayant pas encore sonné, fit pourtant mouche.

Alléché par la perspective de recruter un candidat à la prêtrise, Monsieur le curé rendit plusieurs visites à la mère, qu'il savait trop pauvre pour refuser cette aubaine et singulièrement docile devant la gent ensoutanée, afin de la convaincre de laisser partir Joseph. Se souvenant de Pâques 1936 où, lors de conciliabules entre gens d'église, l'éventualité que ce dernier entre dans les ordres avait été évoquée, le curé n'eut bientôt de cesse d'envoyer au séminaire ce garçon intelligent, pieux et honnête, dur à la tâche et ambitieux.

La soixantaine passée, l'ecclésiastique portait beau avec sa tête de parfait érudit. Imprégné de culture germanique pour avoir été officier allemand en 1914-1918, il s'accommodait sans

peine de la présence de l'occupant, et disposait d'une relative liberté pour négocier avec les autorités. Le plus souvent, il n'en profitait malheureusement pas, ayant une peur bleue d'entraîner son Église dans des querelles regrettables. Il promit toutefois de faire jouer ses nombreuses relations pour dénicher une place dans le lycée le mieux approprié aux intérêts de la famille et du jeune garçon, le moins nazifié et le plus performant.

Mais, en attendant la fin de l'annexion au *Vaterland* allemand, la réouverture des établissements confessionnels et le rétablissement des études classiques dans chaque lycée, le rêve séminariste de Joseph, sans cesse ajourné, demeurait à l'état de conjectures. Sans se décourager, Monsieur le curé se mit en devoir de préparer le garçon au sacerdoce, en lui inculquant, à raison d'une heure hebdomadaire, les rudiments du latin et du grec. Du haut de ses onze ans, Joseph adhéra au projet sans hésitation. Cette proposition inespérée lui semblait un service rendu pour un service donné, alors qu'il se donnait depuis deux ans la peine de se lever chaque jeudi, jour de relâche scolaire, à cinq heures du matin pour servir la messe.

Le vendredi, après l'école, fut ainsi dédié à ces leçons particulières. Monsieur le curé manquait notoirement de talent pédagogique ; il laissait Joseph livré à lui-même, sans lui indiquer la moindre méthode d'approche pour découvrir les deux langues mortes. Des exercices d'application abondaient, souvent choisis au hasard. Sous la houlette de cet étrange précepteur, le garçon fit le douloureux apprentissage de l'humilité. L'ecclésiastique avait un tel ascendant sur lui qu'il lui suffisait d'effleurer sans un mot la tempe de son jeune disciple, après avoir réajusté son lorgnon, pour lui faire comprendre la fragilité de tout succès.

Fier et vulnérable, Joseph avait les yeux embués de larmes quand son travail ne recueillait qu'un discret *befriedigend* (satisfaisant), et ses glandes lacrymales déversaient les grandes eaux sur le cahier d'exercice, si le pédagogue l'estimait *ungenügend* (insuffisant). Mais le prêtre restait insensible, dévisageant parfois le garçon d'un regard incrédule, voire méprisant, ou se levant pour regarder par la fenêtre jusqu'à la fin de la crise. Cependant, maître et élève étaient des débiteurs réciproques, liés par un *gentlemen agreement* ; la nécessité pour chacun de respecter ses engagements créait entre eux une grande solidarité, qu'aucune crise de larmes n'aurait pu entamer.

Un matin, en rentrant chez lui, Joseph trouva sa famille en plein émoi : le voisin du dessous avait décidé de s'exiler à l'orée ouest du village et de libérer l'appartement du rez-de-chaussée. La famille exultait à la perspective d'abandonner le logement exigu du premier étage pour investir celui d'en bas, plus spacieux. L'aîné rêvait de s'installer seul dans la pièce supplémentaire, pour se défaire d'une cohabitation bruyante avec ses frères. Il y installerait son lit, une table qui traînait dans la cave et une caisse de munition, récupérée dans la maison en face après le départ de la troupe, en guise de bibliothèque. Il serait enfin au calme pour travailler, apprendre ses leçons et dormir tranquille.

Mais la mère en décida autrement : Joseph devrait cohabiter avec son frère puîné, sans possibilité de se constituer un semblant d'intimité. L'expression déconfite sur le visage du garçon dut laisser la place aux plans stratégiques pour descendre les quelques meubles de la famille par l'escalier, et pour les disposer dans le nouvel appartement.

Craignant que la lecture profane ne détournât Joseph des ouvrages proposés par le clergé, hagiographies édifiantes et d'une lecture facile, la mère toléra les manuels scolaires sur l'étagère improvisée, mais elle en retira tout ce qui ne se rapportait pas au grec et au latin. En grande pompe, elle fit cadeau à son fils de son vieux catéchisme jauni, en langue allemande, où elle avait appris à lire. Elle ne put empêcher Joseph d'y ajouter plusieurs livres sur l'Antiquité grecque,

que le curé avait sortis du rayon de ses classiques. Le jeune garçon se sentit enfin dans la peau d'un futur lycéen, sans rien à envier aux enfants fortunés : il disposait d'un petit stock d'ouvrages, qu'il palpait tendrement avant d'en tirer la substantifique moelle en fonction de ses caprices, de ceux de son maître et de son propre degré de compréhension.

Une fois de plus, il dut affronter ses parents, qui prétendaient qu'une chambre à coucher n'était pas un salon de lecture, mais un lieu où l'on se reposait après une longue journée de travail. Et, si on n'était pas exténué après une harassante activité, c'est qu'on n'avait pas travaillé sérieusement. Il ne devait rester, avant de s'endormir dans la paix du Seigneur, qu'un court laps de temps pour effectuer son examen de conscience quotidien.

Peu à peu, l'entourage familial s'habitua à l'idée de permettre à Joseph de se lancer dans un long cycle d'études, dès la fin de l'année scolaire, même s'il lui fallait pour cela s'éloigner. À l'école des grands, les relations se détériorèrent avec ses condisciples, qui lui reprochaient de vouloir se hisser au-dessus du commun des mortels. Or Joseph restait un garçon simple, disponible, serviable et travailleur : ce qu'il cherchait, c'était d'échapper à l'emprise familiale, étriquée et étouffante, pour prouver qu'un enfant de la cité ouvrière valait ceux des autres quartiers.

Dans le village, le bruit se répandit que le fils du contremaître prenait des leçons de latin chez le curé, ce qui suscita des réactions contrastées. Des gens aisés demandèrent à Joseph de donner un coup de main à leur fille aînée qui, au lycée, s'escrimait avec les déclinaisons et séchait sur les exercices de thème. Il aida la charmante demoiselle du mieux qu'il put, jusqu'au jour où la mère de celle-ci demanda au jeune répétiteur d'interrompre ses prestations, sans doute parce que la fille en avait assez de faire du latin et qu'elle avait des projets plus urgents. En le congédiant, elle gratifia Joseph d'un propos fort désobligeant :

– C’est dommage que tu sois le fils d’un ouvrier... Tu n’as rien à faire au lycée, va à l’usine !

D’abord ému aux larmes, Joseph fut vite pris de rage, tandis qu’il rentrait chez lui. Il se jura de faire sauter les verrous des exclusions sociales factices, et de saisir toutes les opportunités qui pourraient lui servir de passeport vers la promotion sociale.

Un ami de la famille fit valoir auprès du père l’intérêt qu’il y aurait à proposer au directeur de l’usine de soutenir ce garçon ambitieux, qui pourrait bien faire un excellent employé. Il fallut beaucoup de persuasion à cette âme bienveillante pour le convaincre d’aller trouver son patron et de lui soumettre les projets de Joseph. Pourtant reconnu comme un contremaître compétent et efficace, le père craignait d’affronter son supérieur, auquel il n’avait plus jamais osé demander la moindre faveur, pas même une modeste augmentation, depuis qu’il avait été brutalement éconduit, de nombreuses années plus tôt, sous prétexte que les temps étaient durs et qu’il pouvait déjà remercier la Providence d’avoir un travail stable.

Surmontant cette soumission instinctive, il finit par prendre son courage à deux mains et demanda une matinée de congé exceptionnel sans solde pour emmener Joseph plaider sa cause devant le patron. Père et fils parcoururent à bicyclette les quatre kilomètres qui les séparaient de la propriété du directeur, sans un mot, répétant mentalement les arguments censés convaincre leur interlocuteur. Ils s’attendaient à ce que celui-ci leur rappelle les termes de l’accord tacite conclu longtemps auparavant, et toujours d’actualité : un logement bon marché contre de la main-d’œuvre fraîche et bon marché.

Comme s’il allait à l’usine, le père portait son éternel bleu de travail taché d’huile et sa casquette traditionnelle d’ouvrier. C’était dans cette tenue, la seule dans laquelle il se sentait vraiment à l’aise, qu’il s’adressait généralement au patron, quand celui-ci, en costume trois pièces, lui demandait quelque information technique sur la nature d'une panne, les améliorations à apporter au fonctionnement des métiers à tisser ou la qualité de la matière première.

Le père était entré à la fabrique plus de vingt-cinq ans auparavant, sous la direction du père de l'actuel patron. Un quart de siècle de longues journées de travail, six jours par semaine, de sept heures du matin à six heures le soir, cinq heures le samedi, avec une interruption d'une heure à midi. Pas de congé, une poignée de fêtes chômées rémunérées. Malheur à l'ouvrier qui tombait malade ! Le père toussait, souffrait de terribles rages de dent provoquées par les courants d'air en hiver dans les ateliers pas ou peu chauffés. Un jour, à bout de nerfs, il s'était fait arracher tous ses derniers chicots de la mâchoire supérieure, d'une traite et sans anesthésie.

La secrétaire les annonça, et ils furent aussitôt introduits dans le vaste bureau richement meublé, aux murs décorés de tableaux de maîtres. Ils n'avaient de leur vie connu un pareil luxe. Intimidés, ils auraient souhaité prendre le temps de se ressaisir, se concerter des yeux et s'encourager. Mais, maintenant qu'on était là, il fallait parler. Le cœur battant, ils n'osaient croiser le regard du patron. Malaxant fébrilement la visière de sa casquette, le père finit par se jeter à l'eau :

– Monsieur, mon fils Joseph aurait, d'après ce qu'on en dit à l'école, une très bonne tête pour étudier, et il faudrait l'envoyer quelque part dans une école pour continuer ses études. Il sait le latin et le grec, et peut même lire et comprendre l'écriture gothique. Nous sommes là pour vous demander si vous voudriez bien le laisser partir à titre exceptionnel, et le libérer de l'engagement contracté avec vous.

Au fur et à mesure qu'il parlait, sa voix s'affermit, il cessa de bredouiller, les mots lui venaient tout seuls, en alsacien. Toute peur surmontée, le père se sentait dans son droit de permettre à sa descendance de disposer de sa vie. Joseph songea à l'étroit appartement de la cité, que le patron refusait d'améliorer, pour que ses sujets pussent y vivre plus décemment. Surpris de la tournure prise par les événements, il fut très fier de voir le père assumer posément son rôle de chef de famille.

Le patron n'avait pas l'habitude de discuter avec ses subordonnés d'école et d'ambitions scolaires. Pris au dépourvu, il entreprit, en guise de riposte, de sonder les connaissances de Joseph en latin et en allemand. Cet interrogatoire improvisé ne dérouta nullement le garçon, qui sut prendre la mesure de cet homme vivant dans un monde inaccessible, et finit par l'amadouer.

– J'ai appris que tu as des facilités pour apprendre, conclut le directeur ; et je ne peux pas t'empêcher de tenter ta chance au lycée. Sache toutefois que les études coûtent de l'argent aux parents, et qu'il leur faudra bien réfléchir avant de s'engager. Je te souhaite bonne chance, et si jamais tu avais des problèmes, l'usine ne te fermera pas ses portes. Tes frères cependant, je les attendrai. Ils feront partie de la fabrique ; je les considère dès à présent engagés.

Sombres perspectives

Avant la défaite de 1940, une coexistence positive marquait les rapports entre le presbytère et les instituteurs, dans le cadre consensuel du Concordat. Désormais, sans le dénoncer ouvertement, le nouveau professeur allemand se faisait chaque jour plus agressif, refusant toute cogestion. De temps en temps, il se montrait aux offices du dimanche, sans doute pour donner le change et gagner la confiance des villageois. Mais, en tant que représentant de l'administration scolaire allemande, il était tenu à la stricte observation des instructions officielles, sous peine d'être expédié sur le front, en Union soviétique ou dans les Balkans.

À tour de rôle, les élèves devaient coller dans le *Tagebuch* (journal) de la classe les communiqués quotidiens de l'état-major de la Wehrmacht, puis les commenter au tableau en faisant l'inventaire des pertes russes ou anglaises, en hommes, avions, matériels et tonnages flottants. Pour plus de vraisemblance, l'élève chargé de l'exposé devait également signaler des pertes allemandes (sans commune mesure avec celles des ennemis), et le nom des villes sauvagement bombardées par les criminels anglo-saxons. Il ne s'agissait pas d'informer, mais de prouver qu'en dépit des difficultés les armées allemandes demeuraient invincibles, sur terre et sur mer, et que les populations à l'arrière restaient solidaires et enthousiastes.

Relais moderne de cette propagande outrancière, le cinéma vivait ses premiers printemps au fin fond des campagnes, attirant nombre de curieux. Lors des séances gratuites de la *Wochenschau*, on diffusait les interminables communiqués de l'Oberkommando, avec quelques documents d'actualité perdus dans un pot-pourri de clichés, datant des fastes débuts de la bataille d'Angleterre, de l'invasion de la Pologne et de l'URSS, ou des percées irrésistibles de l'Afrikakorps.

Péremptoire, l'instituteur racontait aux élèves l'annexion de l'Alsace-Lorraine en se référant à l'Anschluss, qui ne leur disait rien. À l'entendre, les *Franzosenköpfe* avaient une chance extraordinaire : le puissant Reich, appelé à durer plus de mille ans, leur permettait de bénéficier des avantages consentis aux populations annexées comme aux Allemands de souche.

– L'avenir de la jeunesse au sein de l'Empire sera radieux, prophétisait l'instituteur. Et le destin exige qu'elle se prépare à diriger la grande Europe, après avoir éliminé les *Untermenschen* et les agresseurs à la solde de la juiverie et du matérialisme soviétique.

Joseph entendait souvent parler des Juifs, moins souvent des communistes, auxquels la population identifiait tous ceux qui vivaient dans la cité : on était communiste parce qu'on était ouvrier. Quant aux Tziganes, qu'on identifiait plus facilement, pourquoi les appeler des parasites, alors qu'ils vivaient en marge de la société, se suffisant à eux-mêmes et sans enlever le pain de la bouche des citoyens sédentaires ?

En 1942, fut promulgué le décret d'enrôlement dans l'armée allemande de plusieurs classes d'âge alsaciennes, sans doute pour reconstituer les unités décimées, en particulier sur les champs de bataille de l'Est. Après les avoir généreusement intégrés, le Reich demanda à ceux et celles qui en étaient aptes de mettre leur vie à la disposition de cette nouvelle patrie. Le départ des conscrits donna lieu aux mêmes scènes qu'en 1939, à une différence près : sur les visages des partants et de leurs familles, se lisaient maintenant l'angoisse et la tristesse, alors que, lors de la première mobilisation, les jeunes avaient quitté le village avec la fleur au canon, sûrs de terrasser l'agresseur en quelques semaines. Une bonne centaine de jeunes, mariés de fraîche date, fiancés et soutiens précieux de parents vieillissants, furent ainsi embarqués dans des camions vers une direction inconnue.

Parmi les mobilisés de 1939, il n'y avait eu que deux disparus, qu'on espérait encore voir rentrer à la fin de la guerre. Les autorités d'occupation minimisaient les pertes, et le détachement qui encadrait les recrues leur fit comprendre que seul un bon soldat ne passerait pas pour un planqué aux yeux des filles : l'uniforme – allemand, bien sûr – était source de fierté et de respect. Les partants se virent promettre un prompt retour au foyer, des permissions régulières, une nourriture correcte et une solde intéressante. Des larmes coulèrent, des jeunes couples eurent bien de la peine à se séparer. Quelques-uns protestèrent, sans succès ; d'autres, ne cachant pas leur joie de casser du communiste dans le paradis soviétique, firent les braves pour impressionner ceux qui restaient.

Le premier faire-part qui parvint au village venait d'un petit bourg polonais. Le décès qu'il annonçait était intervenu à la suite de quelque imprudence dans les rangs d'un Sonderkommando, au cours du nettoyage d'un secteur « infesté », selon le communiqué, par des bandes de résistants. L'auteur du tir avait aussitôt été tué, ce qui était censé consoler la jeune veuve et sa famille. En l'espace d'une semaine, au cours de la progression des armées en URSS, arrivèrent plusieurs autres faire-part.

Un soir, au moment de s'endormir, Joseph eut une vision étonnante : pendant quelques instants, son grand cousin de Lorraine, grenadier anonyme, lui apparut comme sur les images saintes, auréolé d'une lumière éblouissante, vêtu d'une parure argentée, avant de disparaître dans l'obscurité. Dans un premier temps, Joseph préféra taire sa vision nocturne, de peur de passer pour un oiseau de mauvais augure. Mais le faire-part de disparition arriva le lendemain chez la grand-mère : le cousin avait été tué à Witebsk, en « Russie blanche ».

Quand Joseph finit par raconter à sa mère ce qu'il avait vu, celle-ci, à sa grande surprise, le crut. Réputé d'une extrême gentillesse, discret et disponible, ledit cousin était le neveu favori de la tante Rosa qui, sitôt prévenue, courut au presbytère commander une messe. Ce garçon pacifique et tendre avait prévu, au cours de ses adieux à la famille, avant son départ pour le Reichsarbeitsdienst, qu'il ne finirait pas la guerre, et qu'il tomberait quelque part en Russie où on l'enterrerait dans un trou anonyme. Il aurait préféré porter l'uniforme français, mais ne s'était pas rebellé pour ne pas manquer à son devoir de citoyen, par peur de déserter et de mettre ses proches en difficulté.

Dès l'armistice conclu, les gamins du village avaient pris possession des bunkers, carcasses de béton qui n'avaient pas servi, pour jouer à la guerre entre assaillants et défenseurs. Mais la présence de plus en plus encombrante de l'envahisseur, celle du policier omniprésent, les faire-part de disparitions au front, firent peu à peu comprendre aux gamins que la véritable guerre n'avait rien à voir avec la « guerre des boutons » qui les avait tenus en haleine pendant de nombreux dimanches. La découverte de cette aventure cruelle et mortifère les fit progresser en maturité et renoncer à leur enfance insouciante.

Après la défaite de 1940, les villageois prirent conscience d'avoir vécu dans la sécurité fallacieuse des mensonges officiels, sur fond de délabrement général. Avec l'arrivée de l'occupant, qui privilégiait discipline, esprit de sacrifice, menace et délation, il y eut un repli général sur soi, et la méfiance devint un réflexe de survie. Tous les prétextes étaient bons pour dénoncer son voisin. Dans certaines familles, les parents craignaient d'être dénoncés par leurs enfants, depuis qu'un garçonnet, fils de paysans, avait révélé, sans doute pour se vanter, que chez lui on tuait clandestinement le cochon : en guise de récompense, il fut admis à la Hitlerjugend, et son père, convoqué au chef-lieu à la Répression des fraudes, disparut quelques semaines.

Tout le monde redoutait le camp de Schirmeck, où l'envahisseur apprenait aux récalcitrants à rentrer dans le droit chemin. Un dicton circulait dans le village: *Schweigen ist Gold, Reden ist Schirmeck* (Le silence est d'or; si tu parles, tu iras à Schirmeck). Après quelques semaines ou quelques mois, selon le délit réel ou supposé, arbitrairement déterminé et sanctionné par un tribunal fantoche à la solde des autorités d'occupation, les détenus amaigris revenaient en loques, le crâne rasé, avec l'ordre de se taire.

Sous la houlette du Kerzengerade, des gros bras venus d'ailleurs multipliaient les fouilles de maisons. Après avoir tout retourné, avec un plaisir non dissimulé, ils placardaient au mur ou au grillage un écriteau rédigé en allemand, stipulant qu'il était sévèrement puni d'héberger un Juif, un résistant, un réfractaire, un déserteur allemand ou un prisonnier de guerre évadé. Quelques heures plus tard, à la faveur de l'obscurité, l'affiche traînait dans la rue. Quand le policier s'en énervait, on imputait innocemment la faute à un coup de vent intempestif.

Les jeunes qui jouaient aux fiers-à-bras avaient toute chance de finir la guerre dans un bataillon disciplinaire de la Wehrmacht ou de la SS. Entre futurs enrôlés, on discutait des possibilités d'échapper à l'armée: soit se réfugier clandestinement en vieille France ou en Suisse, à condition de trouver un passeur fiable, soit endosser l'uniforme «doryphore», c'est-à-dire allemand, et déserter à la première occasion.

Tétanisés, jeunes et vieux hésitaient le plus souvent entre résignation et impuissance. Les occupants aux abois profitèrent du délabrement social pour accentuer leur pression coercitive, exigeant de la population annexée le tribut exigible d'un pur Allemand pour soutenir l'effort de guerre. Des soldats contrôlaient les garde-manger, surveillaient la traite des vaches, comptaient la volaille et les troupeaux de porcs. La production de fruits s'entassait dans des cageots fournis par les autorités, et si elle n'était pas de première qualité, ou si les fruits à noyaux étaient véreux, l'on risquait de se retrouver à Schirmeck.

L'accusation de sabotage se répandit, prétexte à des sanctions injustifiées. Même à la campagne, on ressentait les effets du rationnement ; il fallait se battre pour obtenir les denrées à quoi les cartes de rationnement étaient censées donner droit. Et certains firent fortune en peu de temps grâce au marché noir, gagnant des sommes colossales en proposant à prix d'or un bout de lard, une côte de porc ou quelques kilos de farine, à la barbe et sans doute avec la complicité des autorités allemandes.

Joseph se démenait pour aider sa famille à joindre les deux bouts. Il donnait des coups de main ponctuels au paysan dont le fils était enrôlé de force en Russie. Et quand, la moisson rentrée, le paysan le congédia, il profita de son temps libre pour glaner dans les champs les épis qui avaient échappé au râteau ou qu'un fermier généreux avait laissés à la disposition des pauvres. À la fin de la saison, le père confia la récolte au meunier du district, qui en fit de la bonne farine, que la mère utilisa pour confectionner des pâtes maison ou des tartes.

Cependant, les nouvelles du front devenaient plus alarmantes, et la propagande ne parvenait plus à cacher que les combats acharnés coûtaient cher en vies humaines et en matériel. Un deuil officiel fut décrété quand la Wehrmacht reconnut la perte de Stalingrad, et la déconfiture des troupes italiennes en Afrique du nord était complète.

Parallèlement, une évolution se produisait dans les rapports avec l'occupant : les visages des *Reichsdeutschen* (« Allemands du Reich », par opposition aux annexés) qui transitaient par le village se rembrunirent graduellement, et les rires gras des soldats allemands se firent plus rares. Sur sa bicyclette, le policier était plus raide que jamais.

L'instituteur, qui claironnait jusqu'alors que l'Angleterre ne tarderait pas à être à genoux, baissait maintenant pavillon. Il se mit à arborer un brassard noir, pour montrer qu'il prenait part à la peine de ses compatriotes, qui déploraient la disparition de milliers de combattants dans les ruines de Stalingrad et à Koursk. Cet homme si sûr de lui, sentant le vent tourner, devint soudain taciturne, et renonça au ton dithyrambique dont il abusait pour chanter les victoires de ses armées sur tous les théâtres d'opération. Son enthousiasme s'était tari, et son talent de manipulateur avait du plomb dans l'aile. En bon stratège, il tenta d'expliquer à ses ouailles la situation préoccupante sur le front de l'Est, en leur disant qu'il était logique de songer à un repli stratégique pour renforcer les lignes de défense. Mais quand un élève lui demanda s'il ne s'agissait pas plutôt d'un recul devant un ennemi supérieur en hommes et en armes, il refusa tout bonnement de répondre.

La mère de Joseph tenait à éviter l'affrontement direct avec les autorités d'occupation. Pourtant, elle défendait les siens bec et ongles en cas de danger. Elle avait ainsi réussi à éviter que son deuxième fils soit envoyé en Allemagne, pour y recevoir une éducation à l'allemande. Elle était également parvenue à dispenser le père d'assister aux cérémonies nazies du dimanche, sous prétexte de perfectionner son éducation religieuse. Enfin, elle avait carrément mis à la porte son beau-frère, flanqué d'un haut fonctionnaire, tous deux en uniforme SA, qui menaçaient le père d'un renvoi de l'usine, voire d'une déportation en camp de travail, pour l'obliger à adhérer à un quelconque mouvement nazi. Par chance, cet esclandre n'eut aucune suite, car le directeur de l'usine, d'origine allemande, plaida auprès des autorités compétentes la cause de son contremaître en chef, rouage indispensable dans la production.

Vu le nombre de faire-part officiels de décès qui arrivaient d'Union soviétique, de Yougoslavie, de Norvège et d'Italie, le curé et son vicaire n'étaient pas de trop pour assurer le service funéraire. Joseph était systématiquement réquisitionné comme servant à leurs côtés, avec trois camarades. La mort lointaine, la cérémonie d'enterrement sans cadavre, la pose d'une plaque commémorative ou d'un bouquet sur une tombe familiale semblaient relever d'un culte de l'immatériel, confinant au spiritisme.

Les prêtres rappelaient à chaque fois la mission des armées d'Occident en croisade contre le communisme matérialiste et sioniste, au nom des valeurs chrétiennes, dans l'espoir de donner au sacrifice de cette jeunesse quelque maigre justification, d'ailleurs impropre à atténuer la douleur des familles. De son côté, sans doute pour témoigner de sa bonne volonté et de la tolérance des autorités allemandes, l'instituteur-directeur consentait à libérer l'effectif complet des servants de messe pour chaque service funéraire, car il trouvait juste et bon que des jeunes sacrifient quelques heures de cours, en témoignage de respect et de reconnaissance aux héros décédés au service du Reich millénaire.

Dès Stalingrad, chaque famille de la commune ou presque eut son mort : fils, gendre, mari, frère ou cousin, qui s'étaient trouvés au mauvais endroit, au mauvais moment. Chacun se mit à guetter le porteur de mauvaise nouvelle, en l'occurrence le sinistre Kerzengerade, perché sur sa bicyclette de service. Certaines familles furent frappées à deux ou trois reprises par la mort ou la disparition, qui privaient les exploitations agricoles de bras jeunes. Le dimanche, lors de la grand-messe, Joseph voyait le noir l'emporter de plus en plus sur les couleurs, du côté des femmes. Flairant la bonne affaire, un villageois rusé ouvrit une teinturerie pour satisfaire la demande grandissante ; et un bac fut mis à la disposition des familles en deuil dont les finances ne supportaient pas cette dépense supplémentaire.

« *Hosen runter !* »

Quand Joseph eut atteint ses douze ans, le curé et l'instituteur s'entendirent pour lui trouver une place dans un lycée choisi. Le premier nourrissait l'espoir de le voir un jour entrer au séminaire, pour peu que l'occupant consente à rouvrir les établissements confessionnels, ou, à défaut, entamer une carrière libérale ; le second était convaincu que le Reich avait besoin de sujets instruits pour durer, et qu'un soldat formé dans les écoles supérieures valait une bonne compagnie d'analphabètes. L'enseignant se rendit aux arguments du prêtre, qui proposait le seul lycée humaniste de la région pour calmer les appréhensions justifiées des parents à l'idée de savoir leur fils livré à lui-même, sans expérience ni relation, dans un milieu urbain ouvert aux tentations.

La surveillance exercée par les nazis sur la population scolaire était minutieuse, mais difficile à évaluer. Toutefois, dans les établissements où l'on inculquait des disciplines classiques à un public sélectionné, la tentation d'endoctrinement devait, selon toute vraisemblance, s'avérer plus discrète. Il fut décidé que Joseph serait interne dans les locaux d'un pensionnat de filles reconverti par les autorités. Les élèves y étaient hébergés et nourris par quelques sœurs d'une congrégation enseignante tolérée, sous la férule de religieuses et de pensionnaires adultes célibataires, venues d'outre-Rhin, portant brassard et uniforme.

Pris entre des camarades hostiles et une famille résignée, Joseph cherchait depuis longtemps une brèche par où s'échapper, conscient que sa place n'était plus au village. Il ne fut pas long à accepter la solution mise au point par le curé et l'instituteur, avec l'aval du patron de l'usine. La mère accepta de le laisser partir, le curé ayant déclaré que le problème du coût de la pension se résoudrait tout naturellement. Les enfants pauvres obtenaient des bourses ; on pouvait faire jouer un système d'avance sous forme de prêts d'honneur ou, au lieu de numéraire, fournir des produits alimentaires, dont l'établissement avait un cruel besoin pour nourrir les jeunes appétits dont il avait la charge.

Le cours de fin d'études à l'école des grands était déjà entamé quand les parents reçurent la convocation du lycée pour les épreuves d'admission, auxquelles Joseph devait se présenter muni du livret de famille et avec de quoi écrire. Il s'attendait à recevoir ce courrier, mais comment y donner suite ? Il ignorait tout de la ville, n'ayant jamais quitté son village de plus de quelques kilomètres ; de plus, il avait de la peine à s'imaginer ce qu'était le régime de l'internat. Tout à coup, devant ce papier, il fut assailli de doutes. Les parents, qu'il voulait à tout prix quitter, s'intéresseraient-ils encore à lui s'il les trahissait de la sorte ? Et ses connaissances en allemand ou en calcul étaient-elles suffisantes pour entrer en *sexta* (sixième) ?

Joseph avait du mal à suivre le pas rapide du vieux curé qui l'accompagnait à Strasbourg. Ils arrivèrent devant un vénérable bâtiment dans un quartier cossu de la ville, qu'une modeste plaque identifiait comme étant le J.-Sturm Gymnasium. Des flots de jeunes en uniforme toisaient d'un regard amusé et arrogant le couple disparate, avant de s'engouffrer sous le porche massif pour rejoindre leurs camarades, déjà alignés en silence dans l'étroite cour pavée autour de quelques sinistres individus en uniforme de SA. Joseph connut une grande défaillance, le sang lui monta à la tête et il s'accrocha aux basques du curé comme à une bouée salvatrice. Qu'allait-il faire en ces lieux, lui, l'humble et pauvre provincial?

Le bâtiment portait les stigmates d'une usure séculaire. Les murs, blanchis à la chaux, lui rappelaient étrangement l'hôpital de Sélestat, lieu de souffrance et d'abandon. Les marches de l'escalier en granit étaient éculées pour avoir supporté depuis des temps immémoriaux la foulure de milliers de pieds. Malgré l'étalage des symboles nazis, la touche rigoriste héritée de la Réforme n'arrivait pas à disparaître.

Une dame, qui semblait connaître le prêtre, s'avança vers eux en souriant. Elle les fit monter au premier étage, les installant dans une petite pièce proprette, qui était le parloir de l'établissement. Un monsieur distingué l'y attendait, assis sur une chaise devant une petite table. L'examinateur demanda à un Joseph tremblant de peur d'exposer dans le meilleur allemand possible ce qu'il savait de la vie du Führer. Surpris par cette question facile, le garçon poussa un soupir de soulagement. L'instituteur du village avait commenté d'abondance l'existence de Hitler, de sorte que Joseph eut assez de matière pour improviser un exposé conséquent. Mais, au bout de quelques minutes, l'examinateur l'arrêta dans son élan:

– *Nun, genug, danke schön!*

L'intervention était ambiguë, mais Joseph fut vite rassuré: il devait se présenter le lundi suivant à sept heures et demie à la conciergerie du lycée, en vue de son admission non pas en *sexta*, ni en *quinta*, mais directement en *quarta* (quatrième). À douze ans, il ne comprenait pas la raison de cette étrange promotion, qui le réjouissait et l'inquiétait à la fois: il n'avait ni le niveau, ni la stature d'un élève de quatrième. Quelqu'un était-il intervenu auprès de l'administration pour signaler la situation financière plutôt précaire des parents de Joseph? Ou les capacités intellectuelles du garçon autorisaient-elles qu'on lui fît sauter deux classes? Ou bien le niveau, dans cet établissement d'excellent renom, était-il surfait?

Arrivé au lycée avec un retard d'une bonne quinzaine de jours, Joseph fut sur-le-champ conduit au petit gymnase par la secrétaire administrative. Celui qui allait être le quarantième élément sur trente-neuf garçons et une fille, la placide Nicole, intégra sa classe durant une leçon de gymnastique qui lui permit de se faire une opinion sur ses camarades. Tous sans exception, torse nu, en short noir couvrant les genoux et mollets nus, dépassaient largement le pauvre Joseph, en taille et en carrure. Aucun ne fit attention à lui, jusqu'au moment où l'enseignant l'apostropha.

– *Na Junge, wie heisst du ? Woher kommst du ?* (Alors petit, comment t'appelles-tu ? D'où viens-tu ?)

Après avoir répondu, Joseph crut entendre *« Hosen runter ! »* (Baisse ton pantalon !), et devint aussitôt cramoisi. Dans toute sa naïveté, il croyait qu'on lui demandait de se mettre en tenue de sport. Il voulut s'excuser de n'avoir pas pensé à apporter un short noir, et promettre de s'en procurer un pour la leçon suivante. Mais comment faire, sans argent sur lui, et sans savoir à qui s'adresser ? L'intégration au lycée s'avérait plus compliquée que prévu, et le pauvre garçon regrettait déjà de s'être engagé trop vite. Le professeur s'impatientait, et les trente-neuf autres attendaient.

– *Verdammt noch mal, Hosen runter ! Junge, hörst du ?* (Nom de Dieu, baisse ton pantalon ! Tu m'entends, gamin ?)

Joseph se mit à pleurer, suppliant qu'on ne l'obligeât pas à se montrer nu, car au catéchisme on lui avait dit que c'était un péché mortel. Les premiers rangs se mirent à ricaner, habitués sans doute à se dévêtir, dans les douches ou ailleurs. Pour couronner le tout, la présence d'une fille, incrédule devant tant d'innocence, indisposait Joseph.

– *Genug Zeit verloren ! Ihr beiden, kommt her und haltet mir diesen dummen Bengel fest !* (Assez perdu de temps ! Vous deux, venez ici et tenez-moi ce lascar !)

Joseph, sanglotant, fut empoigné par les épaules. L'enseignant ouvrit sans complexe les boutons de sa braguette et déclara, devant son absence manifeste de circoncision :

– *Warum weinst du ? Du bist doch kein Jude...* (Pourquoi pleures-tu ? Tu n'es pourtant pas juif...)

Profondément atteint dans son amour-propre, mais réconforté par des regards de compassion qui lui parvenaient du groupe, Joseph eut de la peine à sécher ses larmes. Après cette épreuve, la plus pénible de son existence, il se sentit adopté, tout en se promettant de rester sur ses gardes.

Ce qui l'inquiéta au premier chef, ce fut la mention *unzuverlässig* (indigne de confiance) qui semblait l'avoir précédé dans l'établissement, et qui expliquait la traumatisante affaire du gymnase. Quelque bureaucrate tatillon avait sans doute chargé les services de l'état civil de reconstituer l'arbre généalogique de la famille. Après tout, ce n'était nullement sa faute si son arrière-arrière-arrière-grand-mère maternelle était juive, d'ailleurs convertie, par amour ou par nécessité, au catholicisme. Néanmoins, au regard de la loi allemande, toute la famille était considérée comme *unzuverlässig*. Mais, après l'incident du gymnase, Joseph fut lavé de tout soupçon, et reconnu par tous comme l'un des leurs. Ceux qui l'avaient empoigné s'excusèrent platement, et firent amende honorable en s'engageant à le protéger.

Dès la deuxième heure de cours, le nouveau fit étalage de ses connaissances en latin et s'acquit du même coup une notoriété d'intellectuel. Puis la professeur dite principale, Fräulein Kasper, enseignante de lettres, demanda à Joseph de s'installer au dernier rang, à côté de Nicole. Celle-ci aurait certainement préféré rester seule, n'ayant que faire d'un garçon de la campagne, naïf et de trois années son cadet. Dernier rejeton d'une famille de hauts fonctionnaires, cette grande fille, discrète, généreuse et serviable, à sa manière aussi timide que son nouveau voisin, n'était nullement intéressée par les études.

Mais le couple improvisé mit peu de temps pour trouver une douce complicité : Nicole savait reconnaître le mérite de Joseph, qui s'épanouit à vue d'œil. Il fut ravi de découvrir que le sexe opposé n'était ni plus méchant, ni moins fair-play que le sien, et qu'il était injuste de le taxer d'engeance diabolique et de suppôt maléfique à la solde de Lucifer. Comme il était le dernier arrivé et le plus jeune, ses camarades eurent tôt fait de l'affubler du sobriquet de *Kaninchenfüsschen* (petite patte de lapin), et Nicole de l'appeler *mein liebes Kaninchen.*

Alors que ses condisciples rentraient chez eux pour manger, Joseph était le seul à manger à la table commune, chichement garnie, de l'internat. Les rations alimentaires procurées par les tickets, jointes aux vivres acheminés chaque quinzaine par des internes qui rentraient de chez eux les valises pleines, ne remplissaient qu'imparfaitement les estomacs juvéniles. C'était à se demander si les deux sœurs cuisinières ne détournaient pas un peu de ce qui revenait de droit aux jeunes, pour les clientes allemandes, en gage de bonne volonté. Après avoir exigé la fermeture de l'établissement confessionnel pour jeunes filles, les autorités avaient consenti à quelques concessions ; l'endroit pouvait accueillir en internat des jeunes lycéens de la campagne, en échange de prêt de locaux : une salle d'études, le réfectoire avec les cuisines, un dortoir installé dans la salle de spectacle, avec des lits sur la scène, protégés par une balustrade métallique.

Puisqu'il ne pouvait compter que sur lui-même pour les décisions à prendre et les responsabilités à endosser, Joseph gagna brutalement en maturité. L'incident du gymnase lui avait ouvert les yeux sur la nature du régime ; malgré des menaces appuyées de renvoi, il refusa d'endosser l'uniforme de la Hitlerjugend. Il dut assumer les conséquences de ce refus : on le plaignait sincèrement de vouloir s'isoler, et maintes fois les camarades enrôlés protestèrent de leur liberté.

Du reste, leurs parents n'auraient pas manqué de faire un esclandre si un enseignant s'était permis d'agresser leur enfant. Dans plusieurs matières, les premiers prix revenaient à ceux dont les parents étaient influents et fortunés. À l'internat, on faisait les yeux doux aux fils d'agriculteurs, fournisseurs réguliers de denrées alimentaires, au détriment de ceux qui avaient plus de mal à remplir les valises. Quand Joseph rentrait pour le week-end, la mère se mettait en quatre pour dénicher par-ci, par-là un morceau de lard, une douzaine d'œufs, quelques côtes de porc, afin de garnir honnêtement la valise et d'éviter à Joseph de déchoir aux yeux des sœurs et des camarades.

L'enseignement assuré au lycée ne souffrait aucune critique. Si certains professeurs étaient de vrais fanatiques, d'autres se révélèrent être d'excellents humanistes, déguisés pour donner le change en hommes de la SA ou de l'Opferring. Les élèves étaient notés de 1 à 5: celui qui écopait d'un 5, *ungenügend* (insuffisant), en histoire et en sports se voyait proposer le redoublement, quelles que fussent ses notes dans les autres disciplines. La brutalité n'était pas absente, surtout dans les matières reconnues essentielles par les nazis, dont l'intention était de faire de ces adolescents des hommes *hart wie Stahl, zäh wie Leder, gefühllos wie Stein* (durs comme l'acier, coriaces comme le cuir, insensibles comme la pierre).

De terribles séances de boxe avaient lieu sur un ring provisoire, installé dans un coin de l'étroit gymnase. L'objectif assigné à ces simulacres de combat à mains nues était, par l'échange de coups, d'inculquer aux jeunes l'agressivité, l'amélioration des capacités d'encaissement et la maîtrise de la douleur. À taille égale, le combat eût été loyal, mais le soi-disant pédagogue choisissait les adversaires avec soin, de manière à placer face à face des garçons dont l'âge, l'allonge et la puissance de percussion n'avaient rien de comparable. Il n'était pas rare de voir couler le sang, ce qui semblait d'ailleurs constituer l'un des objectifs du cruel professeur.

Quand son tour arriva, Joseph dut affronter un condisciple introverti, massif et hargneux. Au gong, il suffit d'un terrible coup en pleine figure pour que le pauvre diable se retrouve au sol, le visage en sang. Un jet rouge échappé de son nez maculait le tapis, son short tout neuf, les cordes et quelques élèves assis trop près du ring. Pareille exécution était prévue, et le pauvre Joseph fut vite épongé. Il fallut deux seaux d'eau pour éliminer toute trace de sang ; puis, une fois le tapis nettoyé et séché, les combats reprirent. Durant toute l'opération, le moniteur était resté figé, impassible, persuadé que, si l'on voulait faire de ces jeunes de vaillants combattants, il était normal qu'il y eût de la casse. Joseph, dont le nez et le haut du visage se couvraient des couleurs de l'arc-en-ciel, fit l'objet d'une grande compassion ; Nicole trouva les mots justes pour le consoler sans blesser son amour-propre, au risque de mécontenter des camarades qui tenaient à elle. Et il se jura de ne plus jamais monter sur un ring.

Pour endurcir les lycéens, ils devaient être initiés à la natation, non dans une piscine, mais dans un des nombreux cours d'eau qui traversaient Strasbourg. Joseph ne savait pas nager : cela se faisait peu à la campagne, à cause du risque de noyade. Au cours du pointage que le moniteur effectua avant le départ, seuls une dizaine d'élèves sur quarante s'étaient reconnus de force à secourir des camarades en détresse. Ce qui étonna tout le monde car, à longueur de journée, la propagande vantait les remarquables compétences sportives de la population du Reich. Pour ce premier exercice de l'année, la température était fraîche et, quand on fut arrivé à l'endroit choisi par le moniteur, chacun frissonna. Mais ce n'était pas de froid : un barrage filtrait l'eau trouble, à la profondeur insondable, retenant détritus, animaux morts et branches d'arbre.

Le moniteur obligea tous les novices à sauter, gardant près de lui la dizaine de nageurs émérites. L'eau bouillonnait, sous les mouvements anarchiques des apprentis nageurs, affolés. Le pédagogue les laissa se débattre un moment, avant de se rendre compte qu'un des enfants se trouvait en réel danger. Il demanda alors à un expert de plonger pour ramener sur la berge le garçon en difficulté. La classe s'en sortit sans noyade, mais avec quelques malaises provoqués par le contact avec un oiseau mort ou une peau de lapin putréfiée. La plupart des élèves, une fois sortis de l'eau et séchés, tremblaient comme des feuilles, livides et humiliés par les sourires narquois des bons nageurs. Ils rentrèrent en silence, traumatisés. Joseph, le seul pensionnaire, rejoignit l'internat ; il avait très faim, mais son estomac révulsé l'empêcha d'avaler la moindre bouchée.

Dommages collatéraux

Dès la fin 1942, l'habitude s'installa d'être réveillé par la sirène, dont les hululements stridents laissaient juste le temps de se réfugier dans les caves. Les passages sporadiques d'avions alliés avaient progressivement pris un rythme plus soutenu, brisant la confiance du peuple allemand dans ses chefs, qui avaient promis qu'aucune bombe ne tomberait sur l'Allemagne. Ce qui arrangeait les affaires de Joseph et de ses camarades car, chaque fois qu'une alerte se produisait après minuit, les cours de la matinée suivante sautaient : au dortoir, on priait le Bon Dieu pour que les Anglais attendent minuit pour attaquer. La perturbation du rythme de travail qui en résultait ne portait pas à de lourdes conséquences, dans le climat d'abandon et de déliquescence où la vie sociale était tombée.

Cette nuit-là, pourtant, Joseph maudit les avions alliés qui survolaient la ville. Il manquait de sommeil, il souffrait du mal du pays, et il avait peur. Recroquevillés à la cave, les internes laissèrent libre cours à leur réprobation contre les Anglo-Saxons coupables de tuer des innocents, les Américains le jour à haute altitude, les Anglais la nuit, de plus bas et avec une plus grande précision. Tout le monde oubliait, avec plus ou moins bonne foi, qu'il s'agissait d'une revanche pour les destructions de Londres et des villes industrielles du Royaume-Uni par la Luftwaffe.

Par deux fois, les fondations du vieux bâtiment tremblèrent ; mais, sous la pression des canons anti-aériens, les bombardiers durent rebrousser chemin pour se défaire de leur chargement quelques kilomètres plus loin, sur les usines de la périphérie et le centre-ville de Strasbourg, endommageant la cathédrale.

Cependant, le vent tournait et l'issue des combats semblait échapper aux armées du Reich. Si le détachement canadien débarqué à Dieppe avait été anéanti, fournissant à l'Oberkommando des motifs de satisfaction concernant la solidité du Mur de l'Atlantique, on ne cachait plus les revers et les énormes pertes sur le front russe. Aussi devint-on plus modeste et accommodant dans les abris. Peu à peu, la chanson *Denn wir fahren gegen Engeland* (Nous envahirons l'Angleterre) disparut du répertoire et le verbe *koventrieren* n'eut soudain plus d'emploi, la Luftwaffe n'étant plus capable de rayer de la carte des villes entières comme Coventry.

À l'internat, il fallait toutefois tenir sa langue et surveiller ses actes. La sœur surveillante, une Allemande à l'air martial, hébergeait clandestinement un séminariste qui avait refusé aussi bien de suivre l'université catholique à Clermont-Ferrand que de rejoindre l'armée allemande. Par complicité ou par calcul, personne ne livra ce déserteur : il devait servir de monnaie d'échange ou d'otage, au cas où de graves difficultés se seraient présentées.

Il y avait également un prêtre aumônier qui disait la messe, servait de confesseur, veillait sur les âmes, assurait gratuitement des cours de piano et initiait ceux qui le souhaitaient au chant grégorien. Lui aussi tremblait pour son maintien dans cette institution. Le curé d'une paroisse située à proximité de Natzweiler, où se trouvait l'unique camp de concentration de France, le Struthof, où beaucoup de détenus périrent dans d'inhumaines conditions, était toléré au lycée, en vertu du Concordat. Sous le sceau du silence, Joseph lui donna le missel dont on lui avait fait cadeau, afin qu'il fût offert à un prisonnier.

La professeur principale, Fräulein Kasper, emmenait la classe visiter des sites remarquables, afin d'éveiller l'intelligence des élèves au monde germanique. Au château du Haut-

Koenigsbourg, elle s'extasia sur le talent des architectes, maîtres maçons et différents corps de métier allemands, commandités par les autorités impériales. Elle avoua regretter que l'empereur Guillaume, qui en avait fait son lieu de villégiature et de chasse, ne l'eût visité qu'une seule fois au cours de la Première Guerre mondiale, avant la défaite des pays de l'Axe, faisant discrètement ciseler sur la tablette d'une cheminée : *Das habe ich nicht gewollt* (Je n'ai pas voulu ça [la guerre]).

Fräulein Kasper voulut aussi permettre à ses ouailles d'apprécier l'effort accompli par le Reich pour s'approcher d'une expression raciale idéale, faite de blond et de bleu. Elle leur fit donc visiter un *Lebensborn* (pouponnière), destiné à favoriser les rencontres entre de purs Allemands et des jeunes femmes souvent polonaises, dont l'union imposée devait produire des bébés aryens. Comme le train avait accumulé du retard, le temps passé dans la pouponnière géante fut bref, mais Joseph put constater que nombre de nourrissons n'étaient pas plus blonds que la plupart des gens croisés dans la rue et dans le train.

La question raciale, évoquée à longueur d'année sur le plan théorique, prenait subitement une signification réelle, concrète. La race blonde germanique se révélait pour ce qu'elle était : un mythe. Ses promoteurs avaient beau élever des poupons comme des chevaux de course, afficher au pied du lit la photo et les caractéristiques physiques des géniteurs, il était vain d'espérer modifier les lois naturelles de la génétique. Joseph, avec ses yeux verts et ses cheveux châtains, s'en sentit soulagé.

La propagande officielle continuait de claironner la fin prochaine des violations criminelles de l'espace aérien du Reich par les forces anglo-saxonnes. L'industrie aéronautique allemande mettait la dernière main à un avion supersonique, à la puissance de feu et à la vitesse inégalées. Mais les passages incessants d'avions ennemis, de nuit comme de jour, contredisaient toujours plus les mensonges des autorités. Des camarades de Joseph, dont les parents occupaient des postes clefs dans l'administration, se laissèrent aller aux confidences : ces familles en plein désarroi se préparaient à évacuer l'Alsace, pour se mettre en sécurité de l'autre côté du Rhin, d'où elles étaient venues.

La grande Allemagne était en train de sombrer, écrasée par les bombes, affaiblie par les pertes humaines, les restrictions imposées aux populations, la perte des repères et le recours aux mesures extrêmes. À la dérive, le régime promettait de rayer l'Angleterre de la carte, grâce aux armes secrètes de la *Vergeltung* (revanche), fusées téléguidées tirées du Pas-de-Calais ou du nord de l'Allemagne.

Fräulein Kasper tenait à confronter ses élèves aux destructions qu'un bombardement entraînait dans les quartiers urbains. Elle leur fit prendre le train à destination de Pforzheim, une ville bombardée à trois reprises. Ce fut une vision cauchemardesque, apocalyptique, qui allait hanter Joseph des années durant. Des sauveteurs s'affairaient dans les décombres. Quelques survivants hagards fouillaient laborieusement les gravats, en quête d'un proche enseveli. De rares passants, tête basse, vêtements couverts de poussière, en lambeaux, enjambaient la pierraille comme des somnambules ou des fantômes. La rue avait disparu en quelques minutes, et on ne voyait à sa place qu'un enchevêtrement de pierres, de poutres déchiquetées, de fragments de tuiles.

La présence d'un groupe d'adolescents parut incongrue dans ce champ de désolation, où certaines ruines se consumaient encore, à tel point qu'un sauveteur enjoignit énergiquement au professeur de décamper. On força cependant les lycéens à aider à rechercher d'éventuels survivants. Ils furent donc répartis, par brigades de cinq, dans les vestiges d'une douzaine de maisons. Jamais Joseph ou ses camarades n'avaient imaginé chercher ainsi la vie ou la mort parmi les débris de briques, de tuiles et de poutres. La qualité des matériaux et des restes de meubles indiquait que ce quartier avait été bourgeois.

Avec quatre condisciples, Joseph luttait à mains nues contre un tas de décombres quand il aperçut, coincée sous un fragment de chevron, la tête d'une fillette de cinq ou six ans. Très belle, pâle, les yeux effrayés restés grand ouverts, la morte portait une jupette blanche à franges finement ajourées, un pull-over rose tendre, des socquettes immaculées et une paire de souliers vernis. Elle semblait prête pour l'office du dimanche. La vision de cette fleur à peine épanouie et déjà coupée fut si traumatisante que les jeunes gens renoncèrent à poursuivre les recherches. La classe attendit le soir pour reprendre le train, car les déplacements en plein jour devenaient problématiques à cause du mitraillage possible de la chasse anglo-saxonne. Cette nuit-là, exceptionnellement, la sirène ne réveilla pas Joseph, rentré rompu de cette sortie en Allemagne.

Le lendemain, pour la première fois depuis longtemps, l'effectif complet du lycée était présent à l'appel. L'administration dut revoir dans l'urgence la répartition des salles, et la classe de Joseph se joignit pour une heure de musique commune à une *quarta* jumelle. Celle de Joseph comprenait Nicole, qui ne le quittait plus ; l'autre classe comptait quatre filles, plus jolies les unes que les autres. Elles montaient en classe par le même couloir que les garçons, mais la tradition dans l'établissement interdisait de les aborder. On se déplaçait en silence à l'interclasse et, pendant les récréations, on restait en groupe.

Le professeur de musique, toujours positif et souriant, était très aimé. C'était un des rares enseignants à ne pas subir le harcèlement des autorités, sans doute en raison de son âge, mais surtout à cause de sa neutralité bienveillante. Avec le professeur de dessin, il créait une atmosphère sereine, hors du temps, et pourtant empreinte de réalité et de rappels incessants au monde environnant. Quelques minutes avant la sonnerie, Fräulein Kasper expliqua que la direction du lycée avait reçu un coup de téléphone des autorités politiques de la région : la jeune Carmen était attendue à la sortie et invitée à effectuer un long voyage. De ce fait, on risquait de ne plus la revoir. Comme elle avait une petite réputation de pianiste, qu'elle avait de magnifiques yeux et une belle chevelure noirs, ses condisciples lui proposèrent, en guise d'adieu, d'interpréter la rengaine à la mode *Schwarze Augen*. Détendue et souriante, elle s'exécuta, fut applaudie, puis quitta les lieux, accompagnée par Fräulein Kasper, avant de disparaître avec deux messieurs dans une voiture.

Une aventure semblable concerna un camarade de la *quarta* de Joseph. D'apparence fluette, délicat et presque fragile, celui-ci était issu d'une nombreuse fratrie d'un milieu aisé. Il avait quelques problèmes de santé, ce qui lui valait des absences fort peu appréciées par le moniteur de sport. En dépit de sa faible constitution, et encouragé par ses parents, ce garçon faisait tout son possible pour se glisser dans le moule imposé par l'idéologie nazie et se fondre dans un parfait anonymat, allant jusqu'à prendre une part assidue aux activités de la Hitlerjugend. Était-il juif ? Quand il fut clair qu'il ne reviendrait pas en cours, personne ne comprit pourquoi un si ardent porteur d'uniforme avait pu ainsi disparaître.

Malheur à celui qui tombe !

Selon la tradition, les internes rentraient chez eux à la fin de chaque trimestre, pour les vacances. Mais les conditions difficiles de survie en ville forcèrent les responsables de l'établissement à rompre avec cette consigne, pour renvoyer les adolescents dans leurs foyers tous les quinze jours. Cette nouvelle situation compliqua la situation dans la famille. De fait, Joseph avait constaté lors de ses précédents séjours au village que les liens du sang se distendaient, et pas toujours de son fait. Il avait toujours cherché le contact, sans jouer au fils prodigue qui rentrait en battant sa coulpe. Mais les divergences s'aggravaient : Joseph cherchait à s'ouvrir au monde, tandis que sa famille se fermait obstinément.

Un vendredi, en vertu du nouveau règlement, Joseph prit donc le train pour Ebersheim. Il avait vécu bien des abandons et des solitudes dans sa jeune enfance ; mais quand il se vit seul, comme une âme en peine, sur le quai de la petite gare, face à l'immense plaine, il paniqua. Pas une âme qui vive, pas un attelage, au beau milieu de l'après-midi ! Le père travaillait, la mère n'était pas assez hardie pour traverser seule la forêt du Ried à bicyclette : Joseph n'eut d'autre solution que de prendre sa valise sur l'épaule pour parcourir à pied les huit kilomètres qui le séparaient de son village.

Cette valise, il s'était engagé à la rapporter bourrée de victuailles à l'internat, afin de participer comme les cinquante copains à l'amélioration de l'ordinaire. Mais que faire si quelqu'un, au retour, l'interceptait pour lui demander la provenance du ravitaillement ? Pourrait-il se disculper en expliquant qu'il ne faisait pas du marché noir, qui était sévèrement prohibé ? Il cheminait à pas lents, prêt à défaillir, le ventre creux, dans cette campagne qu'il connaissait bien pour y être venu parfois, le dimanche après vêpres, côtoyer les jeunes couples en vadrouille amoureuse ou vérifier le niveau des eaux, à la fonte des neiges, avant d'en rendre compte chez lui, avec force détails, comme au retour d'une expédition périlleuse.

À mesure qu'il approchait du but, il fit des haltes de plus en plus prolongées, pour retrouver un souffle défaillant. Quand Joseph, à bout de forces, arriva enfin chez lui, ce fut pour trouver porte close. Retrouvant la maison comme il l'avait quittée, il se sentit néanmoins dans la peau d'un étranger, revenu au pays après une longue absence et auquel on reprocherait silencieusement d'avoir trahi le clan en cherchant à s'exiler. Déçu de ne trouver personne, il attendit plusieurs minutes, assis sur le pas de la porte ; puis, après avoir recouvré ses esprits, il fouilla tous les recoins où, d'habitude, on déposait la clé, sans la trouver. Des changements importants étaient intervenus pendant son absence.

Au bout d'un certain temps, les trois frères s'en revinrent de l'école. Dès qu'ils aperçurent leur aîné, ils lui sautèrent au cou, tout à la joie de ces retrouvailles à l'improviste. La mère afficha moins d'enthousiasme ; mais, quand Joseph lui eut expliqué la raison de cette visite inattendue, elle partit aussitôt en quête de victuailles pour remplir la valise. Quelques instants plus tard, elle réapparut, le cabas rempli. À quel généreux donateur s'était-elle adressée ? Mystère...

Garnie de saucisson à l'ail, de lard fumé, d'une côte de porc, d'une bonne douzaine d'œufs frais, la valise fut prête dans les délais ; mais elle pesait trop lourd pour les fragiles biceps du garçon. D'autant que la mère avait ajouté deux pots de gelée de coing destinés à la consommation personnelle de Joseph, deux chemises de rechange, un pyjama et quelques paires de chaussettes ! Paré pour le chemin du retour, Joseph ressentait pourtant une angoisse diffuse, à la pensée du retour avec ce lourd fardeau. La nuit de samedi à dimanche ne fut qu'un long cauchemar. Au matin, il se rendit à l'office, où l'un des abbés lui proposa de prendre la place du servant de messe. C'est à ce moment que le doute s'empara de Joseph, qui se demanda s'il ne valait pas mieux renoncer aux études et rentrer dans le giron familial.

Le repas de midi, qui n'avait pourtant rien de fastueux, lui parut bien meilleur que l'ordinaire des internes. Il n'en pouvait plus des patates cuites à l'eau avec des œufs durs à midi, suivis de la soupe avec un croûton de pain et une pomme, le soir. Des camarades avaient rapporté de la farine, qui aurait facilement pu servir à préparer un plat de nouilles maison : mais que devenait-elle ? On leur servait souvent du chou, aliment bon marché et produit en abondance. Il était certes des plus difficile de se procurer du cacao, mais l'*Ersatzkaffee* du matin donnait à Joseph de douloureuses crampes intestinales, qui lui rappelaient les souffrances endurées à l'hôpital quelques années auparavant. Où passait donc la ration quotidienne de lait à laquelle donnaient droit les tickets d'alimentation ? Et pourquoi n'avait-on jamais vu le pain blanc auquel chacun avait droit chaque semaine ?

Or, s'il n'était pas encore vraiment de là-bas, Joseph n'était déjà plus tout à fait d'ici. Il mit donc son point d'honneur, tout au long du week-end, à prouver aux siens qu'il tenait bon. Mais il avait le ventre noué quand le moment du départ arriva. Le dimanche après-midi, le père avait l'habitude de faire un somme pour récupérer de la fatigue hebdomadaire. Exceptionnellement, il y renonça pour charger la lourde valise sur le porte-bagages de sa bicyclette. Joseph, sur le vélo de la mère, se chargea du petit frère, qui rentrerait ensuite avec le père. Quand ils atteignirent la gare, deux heures plus tard, Joseph disposait d'une bonne demi-heure pour acheter son billet. Il remercia son père et son frère, qui s'enfuirent aussitôt. Le père avait hâte de retrouver son chez-soi, et le frère avait donné rendez-vous à ses copains pour une sortie dans la forêt. Et puis, dans la famille, on n'avait pas l'habitude de prolonger les effusions.

Les trains n'étaient pas légion : deux tortillards en tout et pour tout, à trois heures et le soir à huit heures. L'omnibus entra dans la petite gare avec plus d'une demi-heure de retard. Sur le quai, en dehors de Joseph et sa valise, n'attendaient que deux personnes. Le garçon pensait avoir le temps de choisir son compartiment, en attendant le coup de sifflet du départ. Pendant que le convoi s'arrêtait dans un long et pénible crissement de freins, il abandonna provisoirement son bagage pour trouver une place libre. Peine perdue : le train était plein à craquer.

En désespoir de cause, Joseph se rabattit sur un compartiment, suppliant les voyageurs serrés comme des harengs de lui laisser une petite place pour mettre en sécurité sa valise. Mais personne ne bougea, et le lycéen se trouvait en position instable sur le marchepied, tenant d'une main la lourde valise et se cramponnant de l'autre à la poignée du wagon, quand le chef de gare donna le signal du départ. Le train s'ébranla, et le fonctionnaire cria au pauvre garçon :

– Ne reste pas là, petit ! Rentre dans le compartiment...

Un petit espace se libéra enfin, et une âme charitable attrapa la lourde valise dans les mains de Joseph. Mais une des sangles céda, et le bagage s'ouvrit, déversant une partie de son contenu sur les rails. Comme un chapelet de bombes, les œufs explosèrent sur le ballast, tandis que la gelée maculait le linge de rechange. C'était plus que n'en pouvait supporter Joseph, qui éclata en sanglots. Il avait perdu son bien, il n'avait pas su remplir sa mission, et il constatait à ses dépens qu'il valait mieux ne pas trop compter sur la générosité des gens. Les voyageurs n'avaient du reste pas réalisé ce qui s'était passé, et ce fut seulement quand une partie d'entre eux eut quitté le compartiment, aux gares suivantes, qu'on se mit à prendre Joseph en pitié. Un jeune militaire sortit de sa musette une barre de chocolat, qu'il tendit à Joseph pour le consoler. Le pauvre était si bouleversé qu'il oublia de le remercier.

Depuis deux ans que Joseph était pensionnaire au lycée, l'acheminement du ravitaillement s'était jusqu'alors toujours déroulé sans incident majeur. Les attaques aériennes sur les lignes ferroviaires se multipliaient, mais la propagande claironnait que les liaisons civiles ne couraient aucun danger, la chasse anglo-saxonne étant censée ne s'attaquer qu'aux convois militaires. Pourtant, à quelque temps de là, un autre dimanche après-midi, l'aviation ennemie s'en prit au train civil qui circulait sur la voie réputée sans intérêt stratégique que Joseph empruntait pour regagner le lycée.

Le convoi se trouvait à mi-chemin entre deux gares quand un chasseur, à basse altitude, tira une salve dans le champ qui longeait les rails, sans doute pour faire comprendre au mécanicien qu'il avait intérêt à stopper sa vieille machine poussive. Ce qu'il fit brutalement, provoquant une terrible secousse qui fit tomber les uns sur les autres passagers, valises et sacs. Les portes s'ouvrirent et, en un éclair, la clientèle effarée s'égailla dans tous les sens, cherchant le couvert d'une haie, d'un champ de maïs ou d'un arbre.

Dans le ciel, le Spitfire traça une ellipse au-dessus du train et des passagers dispersés. Il tourna ainsi à deux reprises, sembla s'éloigner puis redressa sa course et se mit à prendre la voie en enfilade pour lâcher une bordée de balles perforatrices dans le corps massif de la locomotive. Des jets de vapeur s'échappaient par les impacts creusés dans le métal de la chaudière ; l'eau coulait de partout ; des milliers d'escarbilles incandescents échappés du foyer de la machine éclataient comme des pétards au contact de l'eau. L'avion fondit une dernière fois sur la pauvre loco pour lui donner le coup de grâce, comme on tue un taureau à l'agonie. Puis, sa besogne achevée, il battit de l'aile et s'en alla par où il était venu.

Quand la frayeur fut passée, on constata qu'il n'y avait pas un seul blessé. Le chauffeur et le mécanicien se rendirent au poste le plus proche pour signaler que la voie était obstruée. Du côté des passagers, chacun ramassa ses bagages avant de se diriger vers la nationale, avec l'impression d'avoir accompli un acte héroïque. La plupart reprirent leur chemin à pied ; Joseph et quelques autres attendirent au bord de la route un autre moyen de locomotion. En ouvrant la lourde valise, il constata avec consternation qu'un pot de confiture (de groseilles, cette fois) s'était ouvert, répandant son contenu sur les vêtements propres et les victuailles.

Joseph avait toujours été fasciné par les avions. Sans être spécialiste d'aéronautique, il constatait qu'en quatre ans de guerre la technologie avait fait des progrès fulgurants. De temps en temps, il sortait d'un tiroir la collection de modèles d'aéroplanes d'avant-guerre, récupérée dans les emballages de chewing-gum achetés avec la monnaie des commissions. Les ballets et combats aériens incessants l'émoustillaient à tel point qu'il avait constamment le nez en l'air, à l'affût d'événements dont son imagination était friande. Le vrombissement des moteurs lui était devenu si familier qu'il pouvait identifier un appareil au bruit qu'il faisait. Mais ce qui arriva ce matin-là au lycéen, seul sur la départementale qui le menait de la gare chez lui, tenait du rêve fantasmagorique.

Alors qu'il se hâtait pour rejoindre la famille à table, il perçut au loin dans le ciel, vers l'ouest, un objet aux contours flous, qui effectuait de larges mouvements elliptiques descendants. L'engin s'approchait, dans un sourd ronflement métallique, mêlé de légers cliquetis et de pétarades impressionnantes. Ses glissades aériennes déplaçaient des masses d'air considérables. Tout à coup, ce fut la révélation inattendue : Joseph reconnut une « forteresse volante », l'un de ces nouveaux bombardiers américains dont certains disaient qu'ils allaient changer le cours de la guerre ! À mesure qu'il perdait de l'altitude, sa vitesse semblait augmenter. Son train d'atterrissage était sorti ; l'équipage n'avait plus qu'à opérer un léger virage pour éviter un gros noyer planté dans le champ où il semblait vouloir se poser.

Au lieu de contourner l'obstacle, le mastodonte heurta de son aile droite le tronc, qu'elle sectionna. Sous l'effet du choc, le gros avion se retourna, labourant profondément le sol et libérant d'énormes gerbes d'étincelles. Mais il n'y eut pas d'incendie. Joseph était le seul témoin du drame ; saisi de terreur sur la route, il attendit quelques instants que l'équipage émerge de la carlingue. Puis des passants, arrivés sur ces entrefaites, se joignirent à lui pour attendre. Un malin affirma tout de go que le pilote, pour permettre à l'équipage de sauter, avait dû actionner le système dit de pilotage automatique. Au bout d'un moment, il fallut bien se rendre à l'évidence : il n'y avait pas d'équipage. À regret, Joseph, qui craignait d'être en retard, quitta le groupe de curieux. Il ne sut jamais ce qui advint ensuite de l'avion ; mais il apprit par contre que l'équipage avait sauté en parachute, quelque part dans le département du Doubs.

L'Allemagne avait insensiblement perdu la maîtrise absolue du ciel, sous les coups de boutoir des armadas anglo-saxonne et russe, mais surtout pour avoir été coupée des puits de pétrole d'Europe centrale et d'URSS. Comme une bête fauve blessée, elle réagit sans faire de quartier : tout personnel navigant capturé, considéré comme criminel, fut passé par les armes. Un appel solennel fut fait à la délation publique, devoir impérieux de tout citoyen : toute tentative de soustraire à la justice ces assassins serait puni de mort, en tant que crime contre le peuple allemand.

Cette année-là, les vacances scolaires débutèrent par un drame. Une avarie obligea un jeune chasseur américain, qui assurait la protection d'une escadre de bombardiers, à se poser dans un pré, non loin du village voisin où Joseph était allé chercher des médicaments pour une voisine. Le pilote se croyait sans doute en France, et n'avait aucune idée du danger qu'il courait. Après avoir refermé le cockpit, enlevé son casque et ajusté quelques lanières de cuir de sa tenue, il prit la direction de la départementale où Joseph s'était arrêté, aux côtés d'un paysan qui rentrait des champs, une fourche sur l'épaule. Aucun d'eux ne parlait anglais ; le pilote ignorait de son côté le français et l'allemand. Ils tentèrent de lui faire comprendre, avec force gestes, qu'il fallait se sauver et détruire l'avion. Le jeune homme ne réagissait pas, sous le choc. De toute manière, l'avion était inutilisable, laissant le jeune sans ressources.

Quelques minutes plus tard, le traditionnel rassemblement de curieux entourait le jeune Américain, qui semblait ne rien comprendre de ce qui se disait. Plus personne ne lui adressait directement la parole, sans doute pour ne pas être taxé de collusion avec l'ennemi. Mais, quand un énergumène haussa le ton contre les Anglo-Saxons, un courageux lui conseilla de se calmer et de faire preuve de dignité. Quelqu'un avait sans doute alerté le nazi du village, qui mobilisa l'Ortsgruppenleitung. L'éternel Kerzengerade, qui disposait maintenant d'un chauffeur en armes et d'une voiture, ne tarda pas à arriver. La troupe de badauds s'ouvrit, le policier prit le pilote par le bras, sans dire un mot, et l'installa sur le siège arrière de la voiture avant de repartir. À quelque temps de là, Joseph apprit qu'on avait par la suite retrouvé, exposé contre un talus, le corps d'un jeune homme inconnu : sans doute était-ce le malheureux pilote.

Les drames de ce type se succédaient. Un jour, un bombardier anglais entré en collision avec un autre appareil tomba avec son équipage sans provoquer d'attroupement comparable à celui qu'avait suscité l'atterrissage du pilote américain. Les responsables administratifs nazis poussèrent l'indécence jusqu'à récupérer les effets des pilotes qui avaient quitté trop tard l'appareil en feu, avant de les faire enterrer nus dans un coin du cimetière civil.

Avec les lourds sacrifices de Koursk et Stalingrad, les faire-part de décès arrivaient toujours plus nombreux au village, dont la population finissait par se dire, blasée : « Encore un ! », comme si on était moins pris dans l'engrenage des deuils, qu'on les supportait mieux, parce qu'ils étaient plus largement partagés... Parfois, l'un ou l'autre villageois se risquait à dire qu'il fallait peut-être réserver une pensée à tous ceux, aviateurs ou autres, qui avaient pour mission de libérer l'Europe du joug nazi. Mais la plupart des habitants continuaient à considérer les Alliés comme les *Erbfeinde* (ennemis héréditaires), et le Reich demeurait aux yeux de la majorité l'ultime rempart contre la barbarie. Chacun avait peur, et tout le monde pliait l'échine.

Nourritures terrestres et spirituelles

À la rentrée 1943, Joseph constata une évolution dans le comportement de ses condisciples envers les adultes, parents et enseignants. L'absentéisme se développait, y compris parmi les plus assidus jusque-là, et plusieurs familles avaient rapatrié leur progéniture dans le *Vaterland.* Sous l'effet d'un certain pourrissement du conflit, l'estime et l'émulation firent place à l'anarchie ; personne n'était plus à même de canaliser les chahuts homériques qui se succédaient en classe : lâcher de souris blanches, obscurcissement des fenêtres de la salle de sciences naturelles, strip-tease en cours d'histoire...

À quoi bon étudier le grec, le latin ou même l'anglais, dont on ne savait que faire ? À quoi bon travailler puisque, à seize ou dix-sept ans, la plupart savaient qu'ils ne finiraient pas leurs études en *Abiturienten* (bacheliers), mais en *Grenadiere* derrière une mitrailleuse ou une *Panzerfaust* (bazooka) à la main, ultime rempart d'un pays à la dérive ? Les professeurs en étaient réduits à tolérer ces débordements récréatifs, et même à les cacher, pour ne pas être envoyés en Russie : à ce stade de la guerre, un soldat était plus précieux qu'un professeur, même émérite.

À l'internat, on était en attente d'événements importants, mais le silence était toujours de rigueur. La sœur surveillante en chef, sphinx impénétrable venu d'Allemagne, ne trahissait pas le moindre émoi face à l'évolution défavorable du conflit. En plus du rapatriement de familles allemandes, de nombreuses défections vidèrent encore un peu plus le lycée, ceux qui avaient atteint l'âge étant obligatoirement enrôlés dans le Reichsarbeitsdienst, et plusieurs camarades partaient au service armé de leur propre gré, avec l'*Abitur* (baccalauréat) en poche. De plus en plus souvent, l'ensemble des classes était rassemblé dans la cour pour commémorer le souvenir d'un ancien, tombé au champ d'honneur, quelque part sur le front russe ou en Afrique.

En cette fin 1943, Joseph traversa une période difficile. Quelques années plus tôt, il avait supplié la mère de le laisser partir pour faire des études et devenir un monsieur ; à présent, cette vie à l'internat lui pesait comme un bât, dont le poids dépassait largement ses capacités de résistance. Il rêvait de s'enfuir, passant ses nuits à pleurer, persuadé d'être victime d'injustices en raison de son extraction modeste : sinon, pourquoi aurait-on installé son lit dans le théâtre, en plein courant d'air, ce qui lui causa des angines répétées et un séjour à l'hôpital ? Pire camouflet : il était toujours le dernier servi à table, après les fils de famille qui ravitaillaient la demi-pension, alors que sa propre contribution valait bien la comparaison. À tort ou à raison, Joseph l'écorché vif ressentait ces petites humiliations, auxquelles ses camarades ne prêtaient guère attention, comme des indices de ségrégation à son endroit.

Pour couvrir ses petits frais, les parents avaient glissé quelques marks dans son porte-monnaie, qu'il conservait au fond d'une chaussette, de peur qu'on le lui volât. Le dortoir était ouvert en permanence, et les allées et venues, nombreuses. Il trouva un jour, dans une de ses poches, une pièce de dix pfennig, dont il ne s'expliquait pas l'origine. Ses camarades les plus proches, auprès de qui il mena une rapide enquête, lui conseillèrent de garder la somme pour lui. Joseph qui avait toujours faim, décida de s'offrir, une fois n'étant pas coutume, une petite délicatesse gastronomique. Il entra donc dans la charcuterie de luxe, et commanda pour dix pfennig de saucisse de foie, aliment qu'il avait toujours fort apprécié.

La brave charcutière, qui ne s'attendait pas à enregistrer une commande aussi modeste, lança à Joseph un regard qu'il prit pour de la compassion. Avec son énorme couteau, elle trancha un gros morceau valant certainement plus que dix pfennig, l'enveloppa dans du papier et le tendit au garçon :

– Voilà mon petit, c'est pour toi. Bon appétit !

Joseph, surpris et reconnaissant, sortit en saluant la brave commerçante. Pour se donner le temps de déguster sa saucisse, et éviter d'éventuels regards de convoitise de ses camarades, Joseph fit le tour de la cathédrale. La première bouchée lui réjouit le palais ; à la deuxième, sa faim était assouvie. Mais il n'allait tout de même pas jeter le reste dans le caniveau, aussi décida-t-il d'avaler le tout jusqu'à la dernière bouchée et de renoncer à la soupe vespérale. Par pudeur et dignité, il résolut aussi de ne plus revenir dans cette boucherie, pour éviter que sa démarche fût interprétée comme un geste quémandeur.

Ses condisciples du lycée avaient bien essayé de pousser Joseph à intégrer la Hitlerjugend, sans le moindre succès. Joseph, le plus jeune et sans doute le moins dégourdi, avait cependant des principes simples qu'il tenait à respecter. Il y avait, bien sûr, l'expérience malheureuse de la première leçon de sports. Mais surtout, lors de leur première séparation, sur le quai de la petite gare, son père lui avait adressé un conseil de bon sens, qu'il n'avait pas oublié :

– Mon garçon, fais attention ! Ne t'engage pas !

Malgré un intense harcèlement, ses camarades ne lui tenaient pas rigueur de son refus. Ils lui accordaient leur confiance, partageaient avec lui le butin qu'ils avaient pu rafler à droite ou à gauche, et lui offraient des livres de Karl May, dont Joseph raffolait, et des séries de timbres rares. L'entraide entre condisciples était généreuse et spontanée. Ces garçons avaient un tel sens de la justice qu'ils ne supportaient pas qu'on privilégiât des élèves en fonction de la situation de leurs parents. Et les enseignants s'y étaient faits, tétanisés par la crainte d'une mutation ou d'une affectation dans l'armée. Tous savaient que Joseph – qui, comme la plupart de ses camarades, n'avait pas les yeux bleus, ni le cheveu blond – n'était pas un pur Aryen, puisqu'il avait une ancêtre juive convertie ; et tous l'acceptaient comme il était. Mais quand la conversation roulait autour de questions politiques et raciales, même les garçons les plus tolérants se muaient en dignes rejetons du national-socialisme, célébrant en termes dithyrambiques la prééminence du Reich sur les autres nations.

À l'internat, Joseph avait un camarade privilégié, François, de trois ans son aîné. Ce fils de paysan, domicilié dans un village relié par un tram au centre-ville, était la bonté même. Le dimanche, tandis que les autres pensionnaires sortaient en groupe, François était autorisé à rentrer chez lui, pour ravitailler la cantine en produits frais. Sachant Joseph perpétuellement affamé, il l'invita un jour à la ferme de ses parents, pour manger des œufs sur le plat avec des tranches de lard grillé.

C'était un dimanche ensoleillé, mais plutôt frais. L'accueil fut cordial, et les deux compères se gavèrent d'œufs et de lard. Le feu crépitait dans le *Kachelofa*, répandant sa chaleur dans la *Stube*, où perçait la discrète odeur de l'étable et de l'écurie proches. Avec François, Joseph fit le tour de la ferme, en se disant qu'il n'avait jamais vécu une journée aussi paisible. Il se serait volontiers laissé inviter pour la nuit, avant de reprendre le tram lundi matin, mais il devait absolument rentrer à l'internat dès dimanche soir. Or, il se sentait si bien dans cette famille qu'il oublia l'heure du tram, qui partit sans lui. Il prit donc le suivant.

Arrivé au lycée, il fut accueilli par un comité d'accueil composé de la sœur surveillante en chef, du surveillant en second et de l'aumônier. Leur mine renfrognée lui fit craindre le pire. Quand ils l'envoyèrent au réfectoire, où l'attendait un repas refroidi, Joseph dit qu'il n'avait pas faim. Pressé de question sur ce retard, il se mit à mentir maladroitement, se faisant un point d'honneur de ne pas dénoncer son ami. Mais il finit par céder, et raconta la vérité. La sanction tomba : interdiction absolue de parler avec François, et menace de renvoi à la prochaine incartade.

Le grand jour, auquel on avait préparé Joseph depuis des années, arriva enfin : Joseph retourna au village pour les fêtes de Pâques et de la Quasimodo, afin de faire sa communion solennelle, parmi vingt-huit garçons et vingt-trois filles, tous nés après la crise de 1929. Il se réjouissait de revoir ses copains d'enfance, et surtout quelques filles de son âge, qui selon ses souvenirs étaient accortes, vives et intelligentes.

La première étape se déroula le dimanche des Rameaux : le contrôle rituel des connaissances du catéchisme, devant la paroisse réunie à l'église après les vêpres. C'était un vrai casse-tête pour le communiant moyen, contraint de retenir trois cent soixante-cinq questions et réponses, autant que de jours dans l'année, parmi lesquelles le curé ou l'abbé tirait au hasard. Parents, habitués au service des vêpres dominicales, curieux et cancaniers : chacun était aux aguets, prêt à répandre la moindre erreur ou hésitation dans le village, sitôt la séance terminée. C'était un véritable traquenard, dont il convenait de sortir victorieux, si on ne voulait pas devenir la risée de l'opinion publique pendant des mois.

La prestation de Joseph ne fut pas brillante : ses connaissances remontaient à deux ans, et en quelques jours il n'avait pas pu tout réviser. Il comptait sur la chance lors du tirage, mais il tomba sur le problème de la Sainte Trinité de Dieu, ce qui ne l'inspirait que médiocrement. Ses copains d'enfance le dévisagèrent curieusement : ils ne comprenaient pas comment l'enfant de la cité, toujours aussi peu sûr de lui, s'y prenait pour se maintenir dans un lycée réputé pour son niveau d'excellence. À leurs yeux, il demeurait le gamin qui nettoyait bouses et crottins dans les rues du village, qui servait de nounou à ses trois frères, ou de domestique-jardinier à une vieille fille.

De son côté, Joseph se sentait de nulle part, tout juste toléré au lycée, et mal à l'aise parmi ses anciens camarades, auxquels il n'avait plus rien à dire. Il avait du mal à se convaincre que cette communion solennelle était un événement unique dans sa vie, sans doute une des rares occasions de se retrouver en famille, autour d'une table conviviale, le temps d'un précieux intermède de paix dans un environnement lourd de menaces.

Le jour de la grande célébration, il n'y avait pas une place libre dans l'église. Des dizaines de curieux se massèrent au fond, sous la tribune ; le chef de chœur et le curé joignirent leurs efforts, l'un en veillant à ce que la chorale et le jeu d'orgue fussent irréprochables, et l'autre en abandonnant le ton alarmiste qui lui était coutumier, pour des discours plus chaleureux. Dans un grand silence, les candidats parurent, portant chacun un missel et un chapelet dans la main gauche, et un cierge allumé dans la main droite : une vingtaine de jeunes vestales en aube blanche, croix pendue au cou, et une trentaine de garçons, plus raides et compassés dans leur costume de ville acheté pour la circonstance, avec un brassard blanc en crêpe brodé. À l'instant solennel du serment, plus d'un ancien versa une larme : ils se souvenaient de leur propre communion solennelle, la plus belle journée de leur vie.

Après la cérémonie, comme il fallait rester à jeun pour communier, les estomacs creux exigèrent un retour rapide à la maison, où attendait le festin familial. Après les desserts et les alcools, la conversation allait bon train, mais on n'en avait pas fini avec les obligations religieuses : le rituel exigeait encore d'assister au service marial des vêpres.

Le curé insista, comme chaque année, pour que les communiants et communiantes accomplissent un court pèlerinage, afin de se placer sous la protection de la Vierge dans une chapelle qui lui était consacrée. Par des chants et des prières, on y adorait une petite statue blanche de Marie, qu'on disait avoir été perdue, retrouvée, reperdue, déterrée par un porc et remise à qui de droit par le gardien de l'animal. Depuis lors, elle était sertie dans une espèce d'ostensoir que le prêtre officiant tendait aux lèvres des pèlerins, et qu'il essuyait ensuite avec une toile blanche, pour éviter les contagions.

Autour de cette statue, censée porter bonheur aux fidèles, et de son histoire miraculeuse, un complexe s'était développé, composé d'un presbytère, d'un magasin d'objets pieux, de deux églises et d'un restaurant. Des fresques maladroites, destinées à impressionner les consciences, reproduisaient les trois états que les morts étaient censés connaître après leur décès : en Enfer, on brûlait éternellement dans les flammes, sans se consumer tout à fait ; au Purgatoire, ça chauffait aussi, mais on pouvait en réchapper, selon le contentieux à régler avec le Ciel ; au Paradis, enfin, les bienheureux voltigeaient autour de Jésus sur Son trône, en récompense d'une existence terrestre vécue en bon chrétien. Au fond de l'église, un tronc ventru s'imposait aux pèlerins en les incitant à verser une généreuse obole.

Les communiants, garçons et filles mêlés, s'y rendirent à bicyclette, heureux de cette occasion d'échapper à la tutelle des adultes. La mère avait assené à Joseph des instructions strictes sur la manière de se tenir face aux filles. Il tenta d'entrer en contact avec quelques-unes des vestales, mais elles se détournaient du séminariste en herbe, préférant les garçons appelés à travailler dès la fin de l'année scolaire, qui étaient, eux, des hommes authentiques.

Joseph avait investi de grands espoirs dans cette expédition, au cours de laquelle il imaginait pouvoir renouer des liens rompus par son départ en ville. Mais les échanges restèrent anodins, et l'affaire tourna court. Il ne put s'empêcher de penser à la fille aux yeux noirs que la Gestapo avait emmenée pendant un cours de musique ; par comparaison, les jeunes camarades du village n'étaient pas vraiment à la hauteur.

Les temps n'étaient pas aux gaspillages. Soucieuse d'éviter que cette bonne nourriture ne s'avarie, la mère pressait les convives disponibles et repus au soir du deuxième jour à consommer ce qui restait. La plupart des invités, qui n'avaient pas de congé, durent partir très vite, mais quelques-uns s'attardèrent plus longtemps. Déchaîné et émoustillé par deux jours de libations, le petit groupe était très bruyant. La mère estima qu'il était temps de mettre le holà à ces débordements, car elle craignait le qu'en dira-t-on, s'imaginant que le voisinage lui tiendrait personnellement rigueur des nuisances sonores. Mais elle se faisait des idées : ce qui préoccupait tous les foyers, c'était leur avenir précaire et incertain. La fête terminée, la banalité du quotidien reprit le dessus, avec les soucis de la survie alimentaire, l'insécurité et la peur de mourir.

Mobilisation in extremis

La situation militaire devint très critique ; les bombardiers ne cessaient de survoler la ville, et certains habitants s'installèrent dans les caves, sans plus se donner la peine de remonter entre deux alertes. Entre le départ des élèves les plus âgés, enrôlés dans l'Arbeitsdienst et les unités décimées de la Wehrmacht, les enfants des petites classes que leurs parents tenaient à mettre en sécurité de l'autre côté du Rhin, et la mobilisation de toutes les paires de bras solides dans l'Ernteeinsatz, le lycée s'était déjà considérablement vidé. Tous les élèves restants furent donc renvoyés dans leurs foyers.

La direction les autorisa à emporter les manuels scolaires, les encourageant à continuer de se perfectionner dans la belle langue de Goethe : on les rendrait en septembre, quand le Reich aurait fait plier le genou aux Russes. Mais Joseph en avait assez de l'intoxication officielle, des fausses certitudes, des réactions épidermiques et des derniers sursauts d'orgueil. Il avait hâte de rentrer au village pour tenter de retrouver du calme, la poursuite des études étant désormais fort compromise.

Il faisait chaud ce jour-là, et Joseph décida de partir tard dans l'après-midi pour rejoindre la gare centrale. Très peu de trains circulaient en plein jour, pour éviter d'offrir des cibles de choix à la chasse anglo-saxonne. Il était l'un des derniers à quitter l'internat, et fut surpris de ne rencontrer personne ; seule la sœur préposée à la gestion du réfectoire lui fit de loin un bref signe d'adieu. Les cinquante internes avaient filé sans demander leur reste; plus d'un ne comptait d'ailleurs pas revenir, découragé par la suspicion, la peur, les brimades et le favoritisme.

Le train arriva avec beaucoup de retard. Quand il fut à quai, les trois voitures de queue furent réquisitionnées pour des responsables politiques et militaires, et les voyageurs qui s'y trouvaient furent priés de prendre place dans les autres wagons, avec ceux qui attendaient sur le quai. Tout le monde se tassa tant bien que mal dans les compartiments et les couloirs de la troisième classe. Le mécontentement était largement partagé, mais personne n'émit la moindre critique, par peur d'être dénoncé et prié de descendre.

– *Einsteigen bitte !*

Trois coups de sifflet, puis le convoi s'ébranla. Joseph avait hâte de quitter la ville, bien qu'il ne sût ce qu'il allait devenir, puisque les siens ne l'attendaient pas. Avant d'avoir complètement quitté le quai, le train stoppa et demeura sur place, toutes lumières éteintes. Dans le ciel, les avions anglais tournoyaient, poursuivis par les éclatements d'obus de la Flack et les faisceaux lumineux qui fouillaient fébrilement la nuit.

L'alerte passée, l'omnibus mit du temps à repartir, pour laisser passer deux convois prioritaires, transportant des matériels militaires. Quand il s'ébranla enfin, Joseph, descendu sur le ballast avec son lourd bagage, n'eut pas le temps de remonter à bord. Il dut se résigner à passer la nuit dans le hall de la gare. Deux membres de la Feldpolizei s'approchèrent pour contrôler son identité et son billet. C'est ainsi que Joseph se rendit compte qu'il n'avait jamais eu de papier d'identité. Mais la Feldpolizei n'était pas disposée à croire son histoire : quand un élève allemand bénéficiait de la chance inouïe de faire des études, il ne désertait pas son établissement scolaire. Les policiers fouillèrent son sac et sa valise, puis ils repartirent, non sans avoir pris quelques renseignements concernant ses parents. Le silence s'abattit d'un coup sur le hall, un silence qui affola Joseph. Minuit sonna dans la gare déserte :

sur un banc, le garçon ne parvenait pas à trouver le sommeil, ayant trop peur qu'on volât ses affaires. Des patrouilles passaient régulièrement ; à chaque fois, Joseph fit semblant de dormir et on le laissa en paix.

Le lendemain matin, vers six heures, il fut réveillé par deux soldats allemands, à peine plus âgés que lui, qui lui proposèrent de le ramener chez lui, bagages compris. Chemin faisant, ils expliquèrent que la Feldpolizei leur avait demandé de le convoyer chez ses parents. L'arrivée inopinée de Joseph, encadré par les deux soldats qui portaient ses bagages, laissait augurer une catastrophe, mais le visage de la mère se détendit, quand son fils lui raconta qu'il était de retour pour se rendre utile, dans le cadre de l'Ernteeinsatz. En guise de remerciement, les deux jeunes recrues eurent un ersatz de café avec un petit verre de kirsch.

En pleine saison des foins, Joseph se métamorphosa donc en ouvrier agricole, commis aux travaux manuels ordinaires, nettoyage de l'écurie et de l'étable, engrangement des récoltes. Retrouvant la famille de paysans chez qui il avait déjà travaillé, il s'aperçut que ses muscles n'étaient plus ceux du petit garçon d'alors : il soulevait maintenant sans difficulté des fourchées aussi pesantes que celles d'un ouvrier agricole qui aurait fait ça toute sa vie. Son efficacité, son sérieux et son infatigabilité méritaient, aux dires du patron, qu'on le nourrît bien et qu'on sortît à l'occasion, de quelque garde-manger secret, un bon morceau de porc salé à remettre à ses parents.

Lors de leurs passages nocturnes, les bombardiers larguaient des quantités de bouts de papier d'aluminium pour égarer les projecteurs du rideau défensif. Mais, les panses des bovins n'étant pas faites pour digérer ce type de nourriture, il fallait s'en débarrasser avant de faucher. De plus, les métaux se faisant rares, leur collecte devint un objectif prioritaire des arrières, et les enfants des écoles furent régulièrement chargés de ramasser les bandelettes métalliques, les débris d'avion et les éclats d'obus anti-aériens à travers la campagne. Les enfants étaient autorisés à revendre la ferraille récupérée, et l'aluminium devait être transformé en lingots. Tout cela rappelait à Joseph le temps où il fouillait le grenier pour y dénicher vieux chiffons et ferraille rouillée : il échangeait ces objets hétéroclites au brocanteur ferrailleur contre quelques santons, qui faisaient son bonheur quand il les installait dans la crèche de Noël, sous le sapin.

Au village, la vie s'écoulait, paisible. Le temps était au beau fixe et, s'il n'y avait pas eu le Kerzengerade, les éternels contrôles, quelques rares mouvements de troupes qui traversaient le village, le vrombissement et les longs panaches cotonneux des forteresses volantes dans le ciel, on se serait cru en paix. On savait confusément, tant les décès enregistrés au village et ailleurs étaient en augmentation exponentielle, que le désastre du Reich millénaire était proche et qu'il ruinerait dans sa chute les rêves de pouvoir de plus d'un qui s'était mis à sa solde. On évoquait avec de plus en plus d'insistance une coalition d'encerclement, unissant Soviétiques et Alliés occidentaux. Des rumeurs insistantes évoquaient un possible débarquement dans la région de Calais ou en Méditerranée. Les autorités promettaient que le Mur de l'Atlantique était infranchissable : s'il se produisait, ce débarquement connaîtrait donc le même sort que celui qui avait eu lieu à Dieppe, deux ans plus tôt, et qui s'était soldé dans un bain de sang.

Vers la mi-juin arriva à la maison une dépêche au ton comminatoire, exigeant que Joseph se présente à son lycée pour prendre connaissance de la mission que le Reich comptait lui confier. La note demandait de se munir d'une bonne paire de chaussures, de quelques effets de rechange, d'un casse-croûte pour une journée, du bon de transport et de l'indispensable Ausweis fourni par la mairie. Prenant peur, la mère courut chez le curé, qui entretenait de bonnes relations avec les autorités, pour lui demander de se renseigner : quelle mission pouvait-on bien confier à un adolescent de quatorze ans ? La réponse ne brilla pas par sa précision, mais son ton était impérieux : le jeune homme avait bénéficié de deux bonnes années d'instruction au lycée, et il était temps pour lui de servir le Vaterland, comme un bon fils se comporterait envers son père.

Le rassemblement était fixé à dix heures devant le portail clos de l'établissement, où attendaient deux camions bâchés. Deux gradés, habillés en noir, avec des têtes de mort sur le revers de leur veste, le poitrail chargé de décorations, se tenaient devant les véhicules, jambes écartées, Mauser pendu au ceinturon. Le plus âgé des deux, sans doute le chef, avait eu la moitié du visage emportée par un éclat d'obus au cours de la campagne de Russie. Joseph était terrifié. D'une voix rauque, ils annoncèrent à la quarantaine de jeunes gens qu'ils étaient en service commandé, comme des soldats, pour servir l'Allemagne le temps qu'il faudrait. Puis ils se mirent à les compter ; quand tous eurent été identifiés, il fallut monter dans les deux camions, dont les bâches furent rabattues, sans doute pour éviter qu'ils se repèrent en vue de probables évasions. Le trajet fut pénible, cahoteux et brinquebalant. En cours de route, les plus hardis, âgés et débrouillards prirent sous leur protection les plus timides et les plus jeunes. Ils savaient comment s'y prendre avec les Allemands : si on leur montrait qu'on n'avait pas peur, tout se passerait bien.

Les camions firent halte quelque part dans une lointaine banlieue, devant un immense verger, au milieu duquel s'élevait une espèce de manoir, sans doute réquisitionné et vidé de tous ses meubles. La troupe fut reçue par un comité d'accueil inattendu, en la personne d'une dame d'un certain âge qui se présenta comme Frau Weber, d'un commando de quatre jeunes filles d'une vingtaine d'années, détachées sur place pour assurer l'intendance, et de six jeunes agents de surveillance et d'intoxication en uniformes hétéroclites, issus de différents corps d'armée. Les nouveaux arrivés furent alignés sur deux rangs, pour écouter le balafré proférer une harangue rageuse :

– L'armada anglo-saxonne, à la solde de la juiverie internationale, a débarqué en force en Normandie. On la rejettera à la mer. Partout en France, les jeunes comme vous sont mobilisés pour empêcher que ces hordes d'assassins ne pénètrent dans les villes, brutalisant les citoyens. L'Oberkommando de l'Armée du Rhin vient de décider qu'il fallait dresser des obstacles sur l'axe de progression de l'ennemi, pour l'empêcher de prendre la ville. On creusera des tranchées antichars, doublées de postes de tir. Comme les engins de terrassement sont mobilisés pour dégager les décombres des villes touchées par les bombardements, on utilisera vos bras. La journée de travail commencera à huit heures et s'achèvera à dix-huit heures, avec une heure de battement, pour prendre le repas qui sera acheminé sur place par les services de l'intendance. Le couvre-feu (extinction des lumières et fermeture des portes) est fixé à vingt heures, et à vingt et une heures le dimanche. On vous conseille de prendre vos dispositions avant le couvre-feu et d'éviter les coliques. Vous serez enfermés pour ne pas vous échapper. Vous dormirez à la dure comme les soldats, sur la paille qu'on renouvellera chaque semaine, avec votre sac pour oreiller, une couverture et un sac de couchage en toile seront fournis. Il est interdit de tomber malade, et de prendre contact avec l'extérieur, puisque vous êtes en service commandé. Aucune lettre ne sera écrite aux proches, l'administration se chargeant de rester en contact avec les parents et les services dont dépendent les familles. Et il n'y aura pas de permission : le Reich, par ma personne, assurera votre sécurité. La dame que vous voyez ici vous servira à manger du mieux qu'elle pourra, avec le concours des quatre *Mädel* ici présentes. Des questions ?

Joseph n'en crut pas ses yeux, ni ses oreilles : il venait de pénétrer dans un univers ubuesque, dont il n'avait jusqu'à présent jamais vraiment rencontré la rigueur et la cruauté. Sur un ton qui ne souffrait aucune réplique, le balafré ordonna de faire demi-tour. Ceux qui avaient fait leurs classes dans la

Hitlerjugend obéirent sur-le-champ, mais les autres restaient sur place, interloqués. Il hurla de plus belle :

– Demi-tour droite ! *Ach so !*

Il dégaina son Mauser, se plaça à dix mètres d'un petit prunier, visa le tronc mince avec l'unique œil qui lui restait, et y logea toutes les balles de son chargeur.

– Voilà ce qui vous arrivera si vous tentez de vous échapper...

Travaux forcés

La vie au camp s'avéra moins rude que ne l'avait laissé présager une telle entrée en matière. Les mois d'été passèrent sans canicule, et il pleuvait peu. Le groupe était constitué de gars venus de tous les horizons, de façon à éviter les connivences et les nids de résistance. Mais ces jeunes gens s'entendaient à merveille et appréciaient les soirées de détente, après la soupe.

Les rations alimentaires étaient convenables même si, à force, les estomacs se lassèrent de la traditionnelle soupe aux pois cassés, avec ou sans lardons. Frau Weber aurait pu faire preuve d'un peu plus d'imagination culinaire, puisque les deux gardes-chiourme insistaient pour que ces futures recrues de l'armée ne souffrent pas de carence alimentaire. L'état-major leur avait confié le creusement d'un fossé antichar couvrant tout l'ouest de la ville, et il tenait à ce qu'on mange bien. L'essentiel demeurait le rendement.

Le travail consistait à découper soigneusement des mottes de terre à la bêche, à les empiler sans les briser, puis à creuser la terre en pente, d'ouest en est. Du côté est, il fallait ensuite construire un mur vertical auquel le char se heurterait, la coupole au ras du sol, en position idéale pour que des tireurs de bazooka les neutralisent. En parfaits terrassiers militaires, il ne restait alors plus qu'à recouvrir le tout avec les mottes pour faire disparaître les traces du chantier et créer des leurres qui freineraient, voire repousseraient l'adversaire.

Le dimanche, on ne travaillait que le matin, puis on avait droit au traditionnel pot-au-feu, avec une bonne tranche de viande, des pommes de terre bouillies et un assortiment de salades. Les quatre *Mädel* étaient jolies, et pas farouches pour deux sous : les plus grands auraient volontiers tenté de les lutiner, mais le règlement était implacable : interdiction formelle de conter fleurette à ces demoiselles, qu'on aurait renvoyées dès la première incartade. Par contre, le commandant du camp orchestrait des soirées bruyantes et épiques, durant lesquelles les filles avaient toute liberté de se payer du bon temps avec la demi-douzaine de gardiens, dont la voix avinée et gouailleuse portait à travers porte et volets clos. La bande des grands avait le plus grand mal à avaler pareille avanie, et attendait l'heure de la revanche.

Parmi les quarante et un terrassiers, se trouvaient toutes sortes de personnages, du boute-en-train à l'introverti, du timide au prétentieux, du cafardeux à l'optimiste, du délicat au grossier personnage. Les farceurs ne faisaient pas défaut : plus d'un se retrouva, le matin, avec le zizi coloré en noir, rouge ou vert, provoquant l'hilarité générale sous les douches. Un soir, au moment de la distribution de la soupe, un grand costaud, qu'on avait vu toute la journée faire collection de vers de terre qui pullulaient dans cette terre grasse et humide, en choisit deux, dont il ôta adroitement la terre, avant de les engloutir. Ayant provoqué un dégoût général, il obtint la portion de deux camarades pris de vomissement.

Dans la chambrée, des exhibitionnistes organisaient des concours de mesures de zizi, ou faisaient la danse du ventre en tenue d'Adam : tout ce que le sixième commandement prohibait. Joseph tolérait tout cela : il en avait déjà tant vu, que plus rien ne lui posait de problème de conscience. Il enviait ceux qui s'accordaient ces libertés, tout en se gardant de tomber dans les mêmes travers. Son éducation religieuse très stricte lui interdisait de déroger aux principes inscrits dans sa conscience et, s'il montrait quelque complaisance pour de tels comportements, ce fut surtout pour éviter de se marginaliser. Ils avaient besoin les uns des autres, et Joseph ne voulait à aucun prix casser la chaîne de solidarité.

Chaque lundi matin, avant le départ au chantier, on distribuait les rations de tabac: deux paquets de dix cigarettes chacun. Joseph avait déjà goûté à ce tabac de couleur jaune: dès qu'il avait eu sa convocation pour le chantier, une tante aux mœurs décomplexées lui en avait proposé plusieurs paquets. Depuis, il fumait, au grand dam de la mère qui voyait dans ce vice l'œuvre du diable.

Le chef de camp n'impressionnait plus les jeunes recrues par ses propos empreints d'une extrême dureté. Il avait été grièvement blessé par un fragment d'obus en plein visage, au cours de la poussée victorieuse en Ukraine. Plusieurs longs mois d'hôpital militaire plus tard, l'énorme plaie était guérie. Dispensé de retourner au front, ayant payé son écot à la guerre, il vivait dans l'honneur d'avoir appartenu à une prestigieuse unité SS. Une fois la guerre terminée, il songerait peut-être à se faire rafistoler pour redevenir un homme. En attendant, il servait la cause du Reich en dressant ces quarante jeunes gens à devenir de futurs soldats. Tout déplacement se faisait au pas cadencé, en chantant, pelle ou pioche sur l'épaule droite. Mais il ne rimait à rien de se fatiguer ainsi avant la dure journée, et le capitaine borgne, contesté, fut contraint de leur épargner l'inutile chant.

Avec les pluies de septembre débuta le cauchemar. Le temps se fit frais; les souliers restaient collés dans la gadoue et on n'arrivait plus à sécher les effets mouillés. Plus les conditions climatiques se détérioraient, plus l'encadrement fulminait, car il était évident que les objectifs ne seraient jamais atteints. On leur avait promis des imperméables et des bottes, mais rien n'arriva. Seuls l'adjoint du capitaine et les jeunes sbires en uniforme kaki furent dotés de pèlerines de récupération dépareillées, mais bienvenues. Les terrassiers rejoignaient leur chantier à un pas de moins en moins cadencé, et se demandaient de plus en plus ouvertement si les cours d'eau qui serpentaient dans les prés fangeux ne formaient pas un obstacle naturel suffisant pour retarder la progression des chars.

On avait commencé un travail, il fallait le terminer : telle demeurait l'absurde consigne. L'encadrement prit l'habitude de hurler si l'on posait une motte de terre de travers, car le travail bâclé aurait pu éveiller les soupçons de l'ennemi. Les gardiens accusaient alors le fautif de sabotage, ce qui valait menace implicite : prison, déportation, fusillade. La panique s'empara du groupe, que les nazis incitèrent à la délation, afin d'éliminer tout suspect.

Mais les belles *Mädel* comprirent que le travail qu'on demandait à ces jeunes recrues n'avait aucun sens. Imperceptiblement, elles commencèrent à se rapprocher des plus âgés du groupe, et à prendre leurs distances avec les nazis. Elles avaient deviné qu'il fallait lâcher les sbires de l'Arbeitsdienst et chercher un moyen de sauver leur peau. Les Anglo-Saxons, à ce qu'on disait, avançaient à un rythme plus soutenu que prévu, et les unités de la Wehrmacht n'étaient plus en mesure de les stopper.

Joseph avait son compte de brimades, de cris, de fatigue accumulée dans la gadoue pour des travaux sans intérêt, simplement parce que la hiérarchie aux abois avait décidé de réquisitionner de jeunes lycéens pour en faire des militaires, soumis dans les moindres détails à l'arbitraire de brutes sans conscience. Il savait ce que travailler signifiait, et il en acceptait les contraintes quand elles étaient justifiées. Mais un sursaut d'orgueil faisait se cabrer cet adolescent qui avait appris, à ses dépens, la nature du système dans lequel on cherchait à les intégrer. Il avait entendu dire que des fantassins, excédés de servir de chair à canon, s'étaient volontairement mutilés, aux pieds ou aux mains, pour bénéficier de quelques semaines de repos dans un hôpital ou d'une permission exceptionnelle. Qui pourrait l'empêcher d'en faire autant ?

Un matin, après le petit déjeuner composé d'un *Ersatzkaffee*, de deux tranches de pumpernickel et d'un peu de marmelade au goût douteux, il s'enferma dans les WC. Il baissa son pantalon, encore trempé de la veille, puis, serrant les dents pour s'empêcher de hurler, cogna de toutes ses forces son genou gauche contre l'angle acéré d'une poutre. Hébété, il attendit et finit par constater, avec un certain soulagement, que son genou enflait et prenait les couleurs de l'arc-en-ciel.

Il renfila son pantalon et s'efforça de rejoindre la colonne sans boitiller, pour ne pas éveiller les soupçons du chef, qui assistait tous les matins au départ du commando. Le Décalogue interdisait le péché du mensonge, or Joseph, pressé par la nécessité, était devenu un fieffé simulateur. Le jugement lapidaire de la mère lui revint en mémoire : « Tu as menti une fois, et tu as beau dire la vérité, on ne te croira plus. » Il s'était jadis sorti d'embarras en mentant au Kerzengerade, qui n'était pas exactement un candide enfant de Marie ; il réussirait bien à se jouer du chef de camp, plus rustre et moins finaud.

Sitôt le cortège hors de la cour, Joseph lança un cri, tendit la pelle à son voisin qui ne comprenait rien, et quitta les rangs en se tenant le genou. Le chef en second quitta la tête de colonne pour voir ce qui se passait. Face à cette soudaine douleur, il ne put rien faire d'autre que de demander à deux costauds de le ramener au camp.

– *Zum Teufel, was ist denn los mit dem Burschen ? Was ist geschehen ? Sag mal !* (Nom de Dieu, qu'est-ce qui ne va pas chez ce gars ? Qu'est-ce qui se passe ? Dis !)

Le balafré était furieux. Mais, cette fois, le fameux *« Hosen runter ! »* ne fit pas rougir Joseph, à qui la brave Nicole, au lycée, avait facilité le contact avec le sexe opposé, même s'il conservait au fond de lui une certaine pudeur, et en dépit du fait qu'aux abords de la cuisine se tenaient Frau Weber et trois des quatre *Mädel*. Il eut de la peine à se débarrasser de son pantalon, parce que le moindre mouvement du genou lui tirait une grimace de douleur et que le tissu de mauvaise qualité collait contre la peau.

En inspectant la rotule blessée, l'homme au demi-visage, qui dans un premier temps avait flairé un subterfuge, fut convaincu de la gravité du dommage, et décréta quelques jours de *Stubenarrest*. Joseph dut raconter avec force détails qu'il ressentait depuis plusieurs jours une douleur, chaque fois que le manche de la pelle frottait sa jambe, et qu'il avait de plus en plus de peine à marcher au pas pour rejoindre le chantier.

Tout à coup, l'administration du camp n'en avait plus que pour Joseph, pourtant l'un des plus jeunes et des plus discrets de la bande jusqu'alors. Comme on ne disposait d'aucune trousse de secours et que personne ne s'y connaissait en matière de premiers soins, Frau Weber envoya l'une des jeunes filles chercher de l'alcool camphré à la pharmacie la plus proche. Ce simple geste d'humanité alla droit au cœur de Joseph, qui remercia ses bienfaitrices – discrètement, pour que personne ne l'entende.

Pendant les deux premiers jours, la jambe fut maintenue au repos absolu. Puis, Joseph dut nettoyer le local, arranger la paille, aider à éplucher les pommes de terre et laver les trois WC à grande eau. En compensation, il était prioritaire pour la soupe, avait davantage de croûtons que les autres et, chance inouïe, une bonne tranche de pain blanc, prélevée sur la ration de l'encadrement. L'air de rien, en restant au manoir toute la journée, il eut vent des plus récentes informations : les troupes ennemies auraient effectué une percée inattendue depuis le nord de l'Alsace et semblaient s'être juré de planter le drapeau tricolore au sommet de la cathédrale de Strasbourg. L'énorme chantier, ouvert depuis juin, alors qu'on était fin novembre, était conçu en dépit du bon sens : le danger immédiat ne venait pas du sud, mais du nord.

Joseph tint à complimenter l'infirmière improvisée pour son efficacité, puisqu'elle était parvenue en peu de temps à réduire l'enflure et à rendre la douleur supportable. Ces compliments la firent redoubler de sollicitude, ce qui se traduisit par une nette amélioration de l'état de sa rotule. Peu désireux de retourner sur le chantier au moment où l'hiver s'annonçait, Joseph s'enferma de nouveau dans les WC, et cogna encore son genou, bandé et recouvert du pantalon. Cette fois, il eut de la peine à retenir un cri de douleur. Il sortit comme si de rien n'était, continua à boitiller en direction de la table où il avait laissé son *Ersatzkaffee*. Quelque temps plus tard, constatant la subite aggravation lors du changement de pansement, l'infirmière appela le chef de camp, qui se montra dubitatif :

– *Sofort röntgen, heute morgen noch. So darf es nicht weitergehen !* (On va le radiographier tout de suite, ce matin encore ! On ne peut pas continuer ainsi !) Si ce garçon est un simulateur, je le ferai fusiller pour sabotage.

Pour en avoir le cœur net, il décida d'envoyer Joseph au service de radiologie des hôpitaux civils. La camionnette de ravitaillement ferait un détour. Le jeune homme avait peur qu'on lui ouvre le genou, se rappelant le calvaire enduré à six ans. Le capitaine, à qui il demanda ce que *röntgen* signifiait, lui répondit qu'avec cet appareil tout nouveau on pourrait regarder à l'intérieur de son genou pour se rendre compte de la nature de la lésion. La secouriste lui fit une belle compresse, et Joseph resta seul en attendant qu'on vînt le chercher. Il tremblait de peur, se demandant ce qu'on ressentait quand on était fusillé et si, avant de mourir, on avait le droit d'écrire à sa famille. Il voulait s'excuser auprès de la mère pour les soucis qu'il lui avait causés ou demander au curé, qui avait de bonnes relations avec les Allemands, d'intervenir auprès d'eux pour qu'on ne le fusillât pas.

Vers le nord, des bruits sourds semblaient s'approcher. Le groupe était au chantier, les femmes s'activaient dans la cuisine, le chef de camp inspectait la modeste armurerie. Dans le local désert, le pauvre Joseph, rongé par l'angoisse de mourir, attendait l'arrivée de la camionnette. Qu'est-ce que cela faisait d'être fusillé ? La balle était-elle brûlante ? Et comment pouvait-elle traverser le corps ? Joseph cherchait quoi dire à la mère pour lui faire oublier son chagrin de le perdre. Tout bien pesé, il ne demanderait rien au curé, qui serait sans aucun doute d'accord avec la sanction : tôt ou tard, selon l'ecclésiastique, menteurs et tricheurs seraient confondus, et ce n'était que justice.

La camionnette arriva aux environs de dix heures. Le chauffeur insista auprès du capitaine pour qu'on la décharge le plus vite possible, car il devait la mettre à disposition de l'état-major pour transporter des documents. À midi, tout était prêt. Joseph grimpa dans la cabine, s'assit en tremblant à côté du chauffeur, qui ne cessait de plaisanter tandis que son passager comptait les heures qui lui restaient à vivre. Dans les hôpitaux civils régnait une panique inconcevable, civils et militaires couraient en tous sens. Le chauffeur eut de la peine à trouver le service radiologique, qui ne fonctionnait que le matin, sur rendez-vous : il fallait revenir le lendemain.

Joseph était en sursis. On lui avait bien enseigné que la nuit portait conseil, mais cela lui fut d'un maigre secours. Il pensa fuir, mais il ne connaissait pas les environs, et son genou le faisait cruellement souffrir. Le meilleur parti était de faire confiance à la Providence, qui se chargerait de trouver une solution.

Ce soir-là, les terrassiers rentrèrent exceptionnellement tôt. Les soldats ne tenaient pas en place, les quatre *Mädel* se hâtèrent de distribuer harengs et pommes de terre cuites à l'eau. Sitôt la dernière bouchée avalée, les jeunes gens furent enfermés sans ménagement dans le dortoir : le couvre-feu était avancé d'une heure. Comme il y eut une alerte, on éteignit toutes les lumières, pour ne plus les rallumer. Dans leur précipitation, les gardiens avaient oublié de les autoriser à prendre leurs dispositions pour la nuit. Après cette journée froide et pluvieuse, plusieurs souffraient de coliques, mais personne ne leur ouvrit la porte.

Un véhicule se gara devant le manoir. Bruits de casseroles, de valises qu'on boucle, cris et cavalcades : ce qui se passait n'avait apparemment rien à voir avec les habituelles bacchanales orchestrées par le capitaine. Le mystérieux camion repartit, et le silence tomba sur le camp. Les explosions se rapprochaient, déchirant la nuit dans laquelle le groupe se tenait coi. Pourquoi étaient-ils partis sans rien dire ? À onze heures, comme rien ne se manifestait, le groupe décida de braver la menace explicite du borgne et de chercher à sortir de là.

Avec un poignard et un canif, les plus débrouillards se mirent à desceller les charnières d'un volet, qui chuta dans le vide. La lune était pleine ; on ne serait pas handicapé par l'obscurité. Trois sacs de couchage noués tinrent lieu de corde, qu'on fixa au battant de la fenêtre. Deux poids légers glissèrent le long du mur, gagnèrent le parvis pour ouvrir la porte principale de l'extérieur. Cette ouverture symbolisait pour tous la victoire de la débrouillardise sur la force brute. Quel soulagement ! Ceux qui, deux heures plus tôt, leur inspiraient crainte et respect avaient lâchement pris la fuite. Sans doute, on aurait volontiers retenu les quatre belles demoiselles, mais on ne leur pardonna point leur connivence avec les fuyards. L'inespérée libération avait aiguisé les appétits : à la lueur des torches, chacun se mit à farfouiller dans les bahuts de la cuisine, mais il ne restait que des casseroles vides et des couverts à laver, sur lesquels la lune jetait une lueur blafarde.

On était libre et tout surpris de l'être. Le fait d'avoir échappé à la soldatesque teutonne animait cette jeunesse d'une fierté conquérante. Joseph raconta son stratagème à ses camarades. Il regrettait son geste, mais était fier d'avoir mené le balafré en bateau. À l'unanimité, ils décidèrent de quitter les lieux pour ne pas se faire piéger dans les combats, qui se rapprochaient dangereusement. Durant plusieurs mois, ces quarante garçons avaient vécu une existence commune sous le signe de l'austérité et du travail, un compagnonnage imposé reposant sur une apparente solidarité, mais dont la méfiance réciproque et la brutalité n'étaient pas exclues. Tous avaient hâte de quitter cet endroit : ce fut chacun pour soi.

Après avoir réuni ses pauvres effets dans l'obscurité, la bande s'égailla en poussant des hurlements de joie. Avec sa rotule en feu, son ignorance totale de la topographie environnante, et sans un sou en poche, Joseph ne savait trop que faire. Partir ou attendre le jour ? De toute manière, sa situation n'était pas brillante. Mais passer une nuit de plus à Strasbourg, c'était l'assurance de rester bloqué sur place jusqu'à la fin des combats. Il partit donc vers le sud, en suivant la ligne du tramway qui traversait l'Alsace le long du Rhin.

Le terrier

Joseph avait de la peine à marcher ; la douleur irradiait jusqu'à la hanche. Mais, à mesure qu'il avançait, la souffrance se fit moins lancinante. Les muscles, en se réchauffant, lui rendirent l'usage intégral de sa jambe. Il hâta le pas, pour échapper à la peur qui le tenaillait. Par-dessus tout, il craignait de faire de mauvaises rencontres : une patrouille, à laquelle il faudrait expliquer sa présence en ces lieux déserts, ou une bande de détrousseurs à l'affût d'une bonne occasion. À chaque pas, il faisait détaler des animaux nocturnes : une famille de sangliers, qui traversèrent à la queue leu leu sans s'occuper de lui, une harde de biches, des lapins, quelques lièvres effarouchés et des rongeurs. Chaque fois, son cœur faisait un bond dans sa poitrine.

Aux premières lueurs de l'aube, il arriva enfin au village. Une salve d'obus s'abattit autour de l'église, dont le clocher servait d'observatoire et de centre de transmission aux unités allemandes installées dans les environs. Un avion lâcha une bombe qui manqua de peu un camion chargé de bazookas, caché entre deux maisons. Immobile derrière la murette de la cour, Joseph attendit que les gravats projetés en l'air par l'impact de la bombe finissent de retomber, couvrant de poussière la bâche du camion et secouant dangereusement les projectiles.

Alors que quelqu'un venait déplacer le dangereux véhicule, Joseph profita du répit pour pousser la porte métallique de la cave barricadée, où il trouva sa famille et les voisins. Pour calmer l'appréhension maternelle, Joseph expliqua à la cantonade qu'ils avaient été abandonnés à leur triste sort, à cause de l'avancée des Alliés, et qu'il avait dû quitter le camp sans attendre. Ils eurent du mal à croire qu'il avait parcouru plus de cinquante kilomètres sans rencontrer âme qui vive et avec une rotule abîmée. Mais l'essentiel était qu'il fût rentré, et vivant.

De novembre à février, la cave demeura la résidence principale de la famille de Joseph, à laquelle s'associèrent d'autres familles, qui s'y sentaient plus en sécurité que dans leur propre foyer, saccagé par des obus. Dans les premières semaines, une bonne entente régnait, en dépit de la promiscuité. L'heure était au partage, à la convivialité authentique que procure le sentiment d'affronter en commun le même malheur, et l'espoir de jours meilleurs aidait à accepter cette somme de privations. Les bombardements restaient nourris, entretenant un climat d'insécurité permanent, pour la population du village comme pour les unités de la Wehrmacht à la dérive, qui refluaient vers l'est. Avec le temps, on était moins tétanisé par la peur : quand l'obus sifflait au-dessus de votre tête, vous saviez qu'il tomberait à quelques mètres, et vous aviez une chance d'en réchapper. Joseph avait appris ce qu'était le danger et que toute vie avait du prix. Aussi prenait-il ses précautions, quand il fallait à tout prix sortir de la cave.

Le curé refusait de quitter la cave du presbytère où s'étaient réfugiés les habitants du quartier. Il était persuadé qu'en sa qualité de prêtre et d'ancien officier, il n'avait rien à craindre, parce qu'il s'était placé sous la tutelle de la Sainte Vierge qui le protégeait. (Également convaincu que son église, dédiée au bon saint Martin de Tours, serait épargnée, il tint tête à ses paroissiens les plus ardents, qui le suppliaient de mettre à l'abri les trésors qu'on aurait pu facilement évacuer : si bien que son église devait finir par brûler, après avoir été noyée sous un déluge d'obus incendiaires.) Il ne sortait donc jamais, préférant envoyer son abbé dans les quartiers du village dire la messe, recueillir les confessions, distribuer la communion et administrer l'extrême-onction.

Joseph s'était offert pour servir de sacristain dans ces tournées ; il était fier de braver ainsi le danger, en un mélange d'inconscience et de curiosité. La guerre avait envahi tous les aspects de la vie quotidienne. Le soir, dans les rues encombrées de gravats, on butait contre des bovins au ventre gonflé ; on risquait à tout instant de se faire attaquer par des bêtes en furie blessées ou de tomber sur des cadavres de soldats déchiquetés. L'hiver fut très rude ; quand le sol était gelé, on conservait les corps des victimes au froid, en attendant qu'une éclaircie permette de creuser une sépulture. Le village ne présentait aucun intérêt stratégique, mais sa destruction était inéluctable, car il servait, pour son malheur, de passage et de refuge à une armée en déroute. Avec une abnégation remarquable, quelques personnes tentaient de maintenir un semblant de vie : les trois boulangers, les deux bouchers, les paysans qui devaient assurer la traite des vaches, qu'il était impossible de laisser hurler de douleur à cause de leurs pis gonflés de lait.

Dans la maison d'en face, qui avait hébergé, pendant la drôle de guerre, un contingent de troupes françaises, une bande d'individus hirsutes, crasseux et patibulaires s'installa un matin. Débarqués avec attelages et carrioles déglinguées, ils parlaient une langue inconnue. Plus intriguant encore : un détachement de soldats vert-de-gris s'empressa de les enfermer derrière un réseau de barbelés.

Un sous-officier, interrogé par un curieux, expliqua qu'il s'agissait d'un détachement de l'armée du maréchal Vlassov, un haut gradé soviétique qui avait choisi de collaborer avec la Wehrmacht, et que ce groupe d'Ukrainiens était devenu incontrôlable, ce pour quoi il fallait sévèrement les encadrer, afin de les empêcher de molester la population. C'étaient des hommes perdus, dont l'armée ne savait que faire, et qui ne pouvaient compter que sur eux-mêmes pour refluer vers l'est. Contre des rations alimentaires et de la vodka, ils laissaient les villageois en paix, dormant à même le sol ou dans leurs carrioles.

Parmi les réfugiés de la cave, il y avait Hélène, une jeune femme d'environ vingt-cinq ans, nièce d'une famille qui habitait dans la cité. Tout à son amour avec Hans l'Autrichien, déserteur de l'armée de son état, elle en oubliait la plus élémentaire discrétion. Or la cave était un point de convergence pour toutes sortes de civils apeurés ou de militaires harassés, dont personne ne pouvait prévoir la réaction, dans ce combat quotidien de tous pour la survie. Certains avaient été fusillés pour moins que cela mais, dès que la mère lui parlait de sécurité, Hélène se cabrait. En bon soldat, Hans décida de quitter provisoirement sa belle, pour ne pas mettre en danger ses hôtes. Il revêtit donc son uniforme de grenadier, remplit sa musette de nourriture, vérifia une dernière fois ses papiers d'identité, et quitta les lieux en pleurs. Son plan était de se rendre aux Français ou, au pire, de rejoindre les lignes allemandes, en feignant de souffrir d'amnésie. Une unité SS l'intercepta puis le fusilla, après avoir contrôlé ses papiers.

Les tirs d'artillerie s'intensifiaient au fil des jours, et rares étaient ceux qui osaient mettre le nez dehors. Peu à peu, le découragement s'empara de tout le petit monde de la cave. Cette existence de troglodytes confinés entre quatre murs rongés par le salpêtre souleva des rancœurs, des disputes futiles, comme des hoquets après un repas indigeste. Certains préférèrent se réfugier dans les ruines, à la surface, plutôt que de compter les jours dans cette atmosphère devenue irrespirable. Les jeunes, autour de Joseph et d'une jeune fille un peu plus âgée que lui, étaient les témoins passifs de ces joutes verbales stériles. Ils s'en désolaient, et brûlaient d'intervenir pour que cessent ces sempiternelles disputailleries : mais comme les adultes étaient à cran, et que les gifles pleuvaient, ils se tinrent tranquilles.

Dans toutes les caves, on finit par manquer de l'essentiel ; la faim se faisait torturante. L'intendance allemande ne s'occupait plus des civils ; elle avait déjà toute la peine du monde à alimenter les troupes, en pleine déconfiture. Le boulanger avait constitué des stocks de farine, car le moulin situé de l'autre côté du front, hors de la poche de Colmar, n'était plus accessible ; mais seuls ceux qui arrivaient les premiers dans sa boutique trouvaient du pain frais. Des bandes de pillards, ex-soldats privés d'encadrement, terrorisaient les commerçants, pour être servis en priorité, ne laissant que quelques miettes à la population affamée. Les habitués du marché noir avaient quelques réserves, dont la fraîcheur laissait à désirer, et personne, en ces temps difficiles, n'avait le cœur ni les moyens d'acheter ou de vendre.

Joseph s'efforçait de ne pas se plaindre, pour éviter de donner du souci à sa mère. Mais les plus petits geignaient, dans une prostration inquiétante, le visage livide, les yeux mi-clos. Le soir venu, le jeune homme se mettait en quête, le désespoir au cœur, malgré les shrapnels et les obus incendiaires, pour rapporter un croûton de pain, un peu de lait ou quelques patates. On n'avait plus peur de rien. Il n'y eut jamais autant de monde dehors que vers la fin janvier. Le mètre de neige qui était tombé, ensevelissant le village dans un silence ouaté, créait une illusion de sécurité, et l'air frais du dehors ravivait le désir de survivre.

Avec la mort qui rôdait au coin des rues, la consommation d'hosties atteignit un niveau tout à fait inhabituel, et les provisions du curé diminuèrent dangereusement. Il fallut aller en chercher au village voisin, où des religieuses continuaient d'en produire. Qui pouvait s'en charger, en plein hiver, en terrain militarisé, sinon le brave Joseph, qui n'éveillerait pas les soupçons des troupes ? Il fallait franchir deux barrages de jeunes SS, encadrés par des Feldpolizisten. Quand il leur eut exposé sa mission, ils éclatèrent de rire et lui proposèrent de faire carrière chez eux au lieu de s'inféoder aux prêtres. Mais comme son laissez-passer portait la signature et le tampon du Kerzengerade, il put continuer son chemin, dûment averti de ne pas quitter la tranchée creusée dans la neige au centre de la route, parce que tout était miné. À en juger par le nombre de carcasses de véhicules qui jonchaient la chaussée, l'aviation alliée était d'une efficacité redoutable. Au deuxième barrage, il n'y eut pas de problème.

Arrivé au village voisin, il se trouva face à deux sœurs d'un âge certain, au sourire radieux, vivant hors du temps et de ses horreurs. Appliquées à produire des hosties, elles jugeaient leur vie consacrée à Dieu parfaitement comblée. Comme elles appréciaient particulièrement l'abbé, elles ajoutèrent à titre gratuit une grosse poignée d'hosties à la commande. Le retour se fit sans encombre même si, à chaque poste de contrôle, Joseph dut ouvrir les boîtes que les sœurs lui avaient confiées, pour s'assurer qu'elles ne contenaient pas de marchandise prohibée. Il fut accueilli avec soulagement par la congrégation de religieuses chez qui l'abbé lui avait donné rendez-vous.

La Libération, enfin !

Livrés à eux-mêmes, les soldats allemands ne pensaient plus qu'à sauver égoïstement leur peau, dépouillant la population en détresse, traquant partout résistants et opposants, déserteurs et aviateurs anglo-saxons. Joseph redoutait de croiser leur regard étincelant de peur et de haine. En d'autres temps et d'autres lieux, ces fauves aux abois, d'une sauvagerie assassine, auraient sans doute pu être de paisibles pères de famille et de tranquilles citoyens. Comme si une force invisible leur avait intimé l'ordre de se retirer, ils finirent par prendre la direction de l'est, grommelant des jurons pour couvrir leur désappointement.

Dans ce chaos, une unité de jeunes SS survoltés, d'une arrogance débridée, gantés de noir pour éviter tout contact avec les non-Aryens, prit position dans la forêt. Ils étaient environ cent trente guerriers, portant en bandoulière des chapelets de munitions pour mitrailleuse, et des grenades défensives pendues au ceinturon. Le soir, il n'en restait plus qu'une dizaine, pourchassés par un bataillon de choc marocain. Les blessés avaient arrosé leurs plaies de schnaps, faute de désinfectant, puis ils s'étaient évanouis dans la nature, clopin-clopant. Songeur, Joseph se dit que ces jeunes soldats n'étaient guère différents des membres de son commando « pelle et pioche », et qu'il l'avait échappé belle.

À intervalles irréguliers, des obus allemands s'abattaient sur le village, comme si l'occupant défait cherchait à se rappeler au bon souvenir de la population, provoquant d'énormes dégâts dans les maisons, et causant toujours plus de victimes, morts et blessés, civils et militaires. Mais, en cette journée glaciale de février, les canons se turent quelques heures. Dans la cave, les récriminations et les jérémiades cessèrent comme par miracle. Tout le monde retint sa respiration : il se passait quelque chose, mais quoi ? Tout à coup, un cri se fit entendre vers l'ouest, précipitant les reclus hors des abris de fortune :

– Ils arrivent ! Ils arrivent !

Les habitants des caves croyaient mériter, en récompense pour leur fidélité à la mère patrie, une libération solennelle, avec embrassades, cris de joie et bouquets de fleurs. Mais quelle ne fut pas la surprise des villageois, quand ils virent arriver des hommes basanés, tels qu'on n'en avait jamais vus dans la région ! Transis de froid, le visage camouflé derrière un foulard, ils avançaient avec difficulté dans l'épaisse couche de neige, le regard fixé au loin. Ils étaient venus libérer le village, et personne ne trouva moyen de les applaudir... Déroutés, les habitants ne manifestèrent qu'une pesante indifférence face à ces soldats à la peau sombre, qui n'étaient probablement même pas français, mais qu'on disait venus d'Afrique du Nord et, selon toute vraisemblance, musulmans : tout bon chrétien devait éviter de les fréquenter.

Le commandement les installa dans des locaux que l'artillerie n'avait pas tout à fait détruits. Le maire chargea un paysan de préparer une épaisse litière, d'installer un poêle et de leur fournir des casseroles, pour qu'ils puissent préparer le thé à la menthe et réchauffer des boîtes de singe. Curieux, Joseph rendit visite à ces hommes taciturnes, qui s'étaient engagés pour délivrer son pays du joug allemand, au prix d'énormes sacrifices. Il était difficile de se comprendre, car ni lui ni eux ne maîtrisaient le français. Avec force gestes, Joseph leur expliqua l'histoire de l'Alsace, déchirée entre l'Allemagne et la France.

La frayeur qu'inspiraient ces libérateurs à la population trouvait sa source à la fois dans la propagande allemande, qui n'acceptait la circoncision ni chez les Juifs, ni chez les Musulmans, et dans les prêches du curé, qui stigmatisait ces derniers comme de futurs conquérants susceptibles de briser le monopole du catholicisme, et qui fustigeait en particulier les prétendues tendances homosexuelles de la population mâle maghrébine. On savait que les Musulmans, comme les Juifs, s'abstenaient de manger du porc, mais qu'ils adoraient le mouton et le poulet. Joseph voulait leur manifester un signe de reconnaissance, mais il ne pouvait se procurer de mouton, aussi décida-t-il de leur offrir deux poules grassouillettes. Il y en eut un morceau pour chacun. Ils furent heureux de constater qu'une personne au moins avait pensé à eux.

Un sergent pied-noir raconta à Joseph qu'on avait l'habitude d'envoyer en première ligne des unités maghrébines ou sénégalaises, parce qu'elles inspiraient de la terreur aux Allemands, ce qui expliquait la faible proportion d'Européens dans les troupes de choc. Cet homme était né en Algérie de parents italo-maltais ; Joseph n'osait pas lui demander si ses pieds étaient vraiment noirs.

Le lendemain, au cours de la journée, ils disparurent en direction du nord-est, aussi discrètement qu'ils étaient arrivés. Ils allaient libérer le village voisin, toujours englués dans la couche neigeuse, avant de traverser le Rhin en direction de ces femmes allemandes que la hiérarchie militaire, à en croire le sergent, leur avait promises pour les sacrifices consentis.

Des unités françaises prirent le relais. Puis, du jour au lendemain, le pilonnage d'artillerie cessa : la poche de Colmar était conquise. Comme par enchantement, la morosité qui régnait pendant les heures sombres du siège s'évapora, à l'image d'un brouillard épais se dissolvant sous le soleil printanier. Alors enfin, dès qu'on eut compris que les Allemands ne reviendraient plus, une joie discrète et très digne parcourut les rues encombrées de gravats, de cadavres d'animaux gelés et d'éclats d'obus. Ceux et celles qui, sous une forme ou une autre, avaient collaboré furent embarqués dans un camion militaire, pour être tondus en ville si le délit était jugé mineur, ou envoyés au Struthof pour y être jugés, s'ils avaient du sang sur les mains.

L'armée dépêcha au village deux camions remplis de vivres de première nécessité : farine, riz, huile, pain, pommes de terre et bouillie pour nourrissons. La vie reprit : on déblaya les rues, où les immondices s'étaient accumulées depuis des mois ; on recouvrit de bâches les toits éventrés ; mais on hésitait à s'aventurer hors des murs, les champs et chemins n'ayant pas encore été déminés. Le village pansait ses plaies.

La tuerie continuait ailleurs, tant que l'Allemagne ne pouvait ni ne voulait déposer les armes. La rumeur se répandit que la technologie allemande était parvenue à assembler un prototype d'avion à réaction Messerschmitt, dont les performances étaient censées battre le Spitfire anglais, pourtant réputé pour sa maniabilité et sa précision de tir.

Un dimanche après-midi, un de ces prototypes s'aventura dans le ciel alsacien, dans un bruit infernal. Joseph rentrait avec deux copains d'une sortie à bicyclette. Le gros avion tournoyait au-dessus de leurs têtes quand une demi-douzaine de Spitfire surgirent d'on ne savait où. Comme une meute de chiens, ils cernèrent leur proie en décrivant de larges ellipses. Des salves d'armes automatiques crépitèrent ; le mastodonte désormais muet perdit de son altitude, et s'écrasa dans le sol marécageux de la forêt, où il ne fut jamais retrouvé. Le pilote s'était éjecté à temps, mais il avait reçu une rafale de mitrailleuse dans les jambes. Ayant perdu connaissance, il s'abattit sur l'herbe humide à quelques mètres de la route, dans un bruit de branches cassées. Après le tonnerre de la bataille aérienne, Joseph et ses camarades étaient enveloppés d'un silence dramatique, tout à coup interrompu par les pitoyables gémissements du blessé, que la chute avait dû réveiller. Quelques instants plus tard, la sirène d'une ambulance militaire retentit et le pilote fut emporté avec précaution par des brancardiers français.

Le village sortait exsangue du carnage. Plus d'une centaine de soldats ne rentrèrent pas, auxquels il fallut ajouter la cinquantaine de décès civils, dont les plus récents étaient dus aux mines, à l'instar de quelques agriculteurs, dont le soc heurta un de ces engins de mort, ou du petit Maurice, de la classe d'âge de Joseph, qui marcha sur une mine oubliée dans le jardin de ses parents par les équipes de démineurs. Et puis, on vit réapparaître des gens qu'on n'avait plus vus depuis des années, qui avaient préféré rester en « vieille France » pendant la durée de la guerre, pour s'y marier et y travailler, privés de contact avec la famille restée en Alsace. Joseph ouvrait l'œil pour découvrir parmi ces arrivants ceux qui avaient pu participer à la Libération du pays, mais ceux-là n'étaient pas nombreux. Il était sans doute plus facile de se cacher, de prendre femme et de travailler que de risquer sa vie ; chaque citoyen n'avait pas l'étoffe d'un héros.

ÉPILOGUE

La fin du cauchemar

La visite du général de Gaulle attira sur la place Kléber une foule en liesse, venue fêter la victoire avec celui qui avait rendu un peu d'honneur à la France humiliée. Joseph et ses camarades tenaient à être présents pour acclamer le Général. Depuis le petit matin, ils attendaient près de la tribune officielle, dans un coin qu'ils n'avaient pas l'intention d'abandonner, malgré les bousculades. La pression de la foule était telle que l'auvent d'une brasserie s'effondra sous le poids de badauds qui l'avaient escaladé pour ne rien perdre du spectacle, et plusieurs blessés furent évacués.

Le peuple de Strasbourg se réjouissait de la terrible et définitive défaite infligée par les Alliés à l'Allemagne, car l'Alsace avait subi le joug de l'occupant avec une rigueur particulière. Mais les vagues d'applaudissements recouvraient bien des rancœurs : la lenteur de la reconquête, induisant d'inutiles destructions et pertes humaines, les difficiles réorganisations administratives, les traces infamantes de la collaboration et les excès injustifiés des mesures d'épuration, ou la pusillanimité des autorités face à l'« ogre soviétique ».

Ce vaste mouvement populaire tournait une page, en faisant la prestigieuse démonstration d'une France ressuscitée, bien que divisée en profondeur entre ceux qui avaient librement décidé de mettre leur existence en jeu pour servir la nation – et ils ne furent pas nombreux –, ceux qui étaient toujours dans l'angoisse, à attendre le retour d'un fils, d'un frère, d'un père ou d'un mari, ceux que la mort d'un proche navrait d'une blessure dont on ne guérit plus, ceux qui sortaient du conflit écorchés vifs pour la fin de leur vie, ceux enfin qui s'étaient rangés du côté des bourreaux et que la société obligeait à assumer leur faute.

L'Alsace, entièrement libérée au début du printemps 1945, pansait ses plaies, dont il restait d'indélébiles cicatrices. On avait beau essayer d'évacuer les souvenirs traumatisants, ils revenaient sans crier gare. Comme en 1940, il fallait reprendre tout à zéro. Quand il avait pris pied en Alsace, l'occupant avait exigé une rupture immédiate et brutale avec tout ce qui formait, aux yeux d'un enfant de l'âge de Joseph, l'ébauche d'une assise culturelle, pour imposer, au-delà de l'apprentissage de la langue allemande, les valeurs portées par le Reich : discipline, obéissance, courage et indéfectible esprit de sacrifice au *Vaterland*.

En partant du vide laissé par les autorités d'occupation, il fallut reconstituer une structure pédagogique nouvelle, avec les effectifs disponibles. Joseph avait vécu un intermède scolaire regrettable, qui le lésait par rapport à ses condisciples de la France «de l'intérieur». Comme la famille de Joseph vivait dans des conditions modestes, il fut décidé de raccourcir son parcours scolaire et donc de réduire les dépenses d'école. Il fut donc admis d'office en classe de seconde : les adultes qui l'avaient vu au travail, pendant les années d'occupation, tablaient sur ses capacités d'adaptation, son courage et sa combativité, pour lui faire courir cette aventure.

Joseph était honoré de cette décision ; mais il savait d'avance qu'il se heurterait à une montagne de difficultés, et que deux mois de vacances studieuses ne suffiraient pas à gommer les lacunes accumulées. Il espérait seulement que les professeurs auraient quelque indulgence pour sa maîtrise insatisfaisante de la langue française. Il en perdit le sommeil, obnubilé par l'échéance imminente de la première partie du baccalauréat. Condamné à ne pas perdre la face devant ceux et celles qui, doutant de ses capacités, s'attendaient à le voir échouer, il se torturait les méninges, pour enrichir ses connaissances littéraires et scientifiques et se poser en candidat honorable.

Ce premier obstacle fut victorieusement franchi, ce qui remplit Joseph d'une fierté légitime. Non seulement il avait forcé son destin, mais ces mois de travail l'avaient empli d'une joie et d'une force insoupçonnées. Joseph dédia cette première partie du diplôme à ses professeurs, dont la compétence et la patience lui avaient permis de tirer le meilleur d'un système d'entraide érigé en comportement éthique. En même temps qu'il faisait l'apprentissage de la fraternité, il avait compris à quel point le travail est source et facteur d'épanouissement personnel.

En revanche, l'événement que constitua sa réussite à la deuxième partie du baccalauréat, option philosophie-lettres, demeura une prouesse personnelle inespérée. À l'époque, seuls une bonne centaine de jeunes Alsaciens, généralement issus de milieux privilégiés, étaient jugés dignes de ce parchemin. Joseph ressentit avec une fierté non dissimulée qu'il était le fils d'un pauvre ouvrier ; ce succès ouvrait une brèche dans son lancinant sentiment d'infériorité. Pendant quelques instants, il se tint immobile sur le parvis de l'université, pour savourer sa victoire et rêver.

Il aurait aimé que la mère lui fît quelque discret compliment, elle qui lui reprochait toujours de « viser trop haut » et pronostiquait qu'un jour il chuterait. Quand le bachelier eut franchi la porte, la mère l'accueillit sans montrer la moindre effusion. Elle lui avoua ne plus oser croiser le regard des gens importants du village – le directeur de l'école, le marchand de porcs, les commerçants –, qui semblaient lui reprocher, à elle, de faire le malheur de son fils à vouloir le pousser toujours plus haut. Pensez donc : le fils du contremaître devenu l'unique bachelier du village ! Un brevet professionnel aurait largement suffi, ou à la rigueur une place au concours de l'École normale ou des PTT. Décidément, pensa Joseph non sans amertume, mais en souriant intérieurement, la mère était bien difficile à contenter...

Les expériences accumulées, en ces années de guerre, avaient ouvert son horizon bien au-delà de l'école, mais il devait maintenant se concentrer sur ses études. Enfin en sécurité dans son lycée, il avait quelque peine à admettre que la guerre n'était pas tout à fait terminée, qu'on continuait à se battre et à mourir ici ou là, et que parmi les morts d'innombrables enfants auraient dû, eux aussi, se trouver sur les bancs d'une école.

Il assista plusieurs fois au débarquement, en gare de Strasbourg, de milliers de Français de tous âges, hirsutes, épuisés, marqués du seau infamant KG (*Kriegsgefangener*, prisonnier de guerre), libérés des Stalags et des Oflags au fur et à mesure de la progression des armées alliées en terre allemande. Moins nombreux, et souvent non attendus, furent les Alsaciens et Lorrains Malgré-Nous, qui avaient été mobilisés sous l'uniforme allemand. Et puis, un jour, il vit des squelettes au crâne rasé, en pyjama rayé, descendre d'une voiture de première classe. Ceux-là arpentaient le quai à petits pas hésitants, avant de monter dans les ambulances militaires qui les attendaient, suivis par quelques silhouettes plus décharnées encore, qui s'appuyaient au bras secourable d'une infirmière, puis venaient ceux et celles qu'on transportait sur un brancard.

Un chef de quai expliqua à un groupe de voyageurs intrigués qu'il s'agissait de survivants des camps de concentration ou d'extermination, Juifs, Tziganes, déportés politiques, résistants ou homosexuels, à qui on faisait passer les premiers examens dans les hôpitaux les plus proches, avant de les renvoyer à Paris. Il régnait dans la gare une atmosphère de gravité pesante que n'arrivait pas à diluer la sentimentalité des rengaines que crachaient les haut-parleurs : « Lily Marlène » ou « J'attendrai le jour et la nuit ».

Le cœur de Joseph était lourd de la vision des malheurs et des misères insondables qu'il découvrait et ressentait, en accompagnant du regard les survivants des camps. Il comprit ce qu'avaient été, pour les nazis, un Juif, un Tzigane ou un résistant, dont les vies furent impunément saccagées. Il n'y avait, pour tout comité d'accueil à leur descente du train, que des parents alsaciens qui attendaient que les commandants de camps soviétiques se dépêchent d'élargir un fils, un fiancé, un père. Ils étaient venus attendre les milliers de Malgré-Nous ; déportés, KG et résistants ne les intéressaient pas vraiment.

Des noms commencèrent à circuler dans la presse renaissante, pour toucher les opinions publiques incrédules : Auschwitz, Treblinka, Dachau, Ravensbrück, le Struthof, comme autant d'astres noirs de cet univers concentrationnaire où l'extermination avait été érigée en système ultime de répression et de gestion sociale, raciale et politique. Peu à peu se faisait jour l'insoutenable évidence et l'ampleur inouïe des crimes contre l'humanité commis en Europe, berceau de l'humanisme judéo-chrétien. Et Joseph se demandait comment une nation qui avait produit des génies universels tels que Goethe, Schiller, Beethoven ou Bach avait pu atteindre ce niveau de médiocrité et d'abjection. Il avait honte pour l'Allemagne et, à travers elle, pour l'humanité complice, voire indifférente.

Il n'y avait pas lieu d'être fier de la France, qui avait regroupé les Juifs dans des camps, comme celui de Drancy, qui avait pratiqué les rafles et envoyé une population sans défense, dans des wagons à bestiaux, en direction des chambres à gaz et des fours crématoires. Il n'y avait pas lieu d'être fier de la collaboration, de la répression de toute opposition. Il savait qu'il n'oublierait jamais Auschwitz, Katyn, les ghettos de Pologne, les trains de la mort, la froide et scientifique extermination de l'intelligentsia polonaise, les commandos spéciaux, les hécatombes à Stalingrad et sur les plages de Normandie, les Résistances nationales. Il fallait vivre en portant dans son cœur le cauchemar des habitants de Londres et de Dresde, ainsi que celui sans nom des survivants d'Hiroshima et de Nagasaki.

Mais les préoccupations de la plupart des gens qui l'entouraient étaient bien loin de tout cela. Joseph ne put supporter la cinglante fin de non-recevoir que lui opposèrent ses camarades, quand il essaya de les sensibiliser au sort des victimes du nazisme. Au lieu de témoignages de sympathie et de compassion, on lui asséna brutalement :

– Ne t'apitoie pas sur le sort des Juifs et des résistants, cela ne te concerne pas. Tu as assez à faire pour te concentrer sur ton travail, si tu comptes réussir. Les Juifs n'avaient qu'à quitter l'Allemagne et l'Europe centrale à temps, pour s'établir dans des pays plus respectueux des différences ; et les résistants auraient mieux fait de se tenir tranquilles, au lieu de se laisser aller à ces provocations qui avaient le don d'irriter les Allemands...

Pourtant, les interminables années du conflit avaient donné lieu à des brimades incompréhensibles et des humiliations injustifiables. Joseph aurait aimé convaincre ses camarades que cette guerre avait dépassé en horreur tout ce que l'humanité avait jamais produit. À chaque récréation, lyrique, il sonnait la charge. La révolte grondait en lui, et le besoin de la communiquer était devenu feu intérieur et soif de justice. Les plus grands avaient fini par lui accorder quelque attention, et convenu que les comportements bellicistes n'étaient pas prêts de s'éteindre, qu'il fallait par conséquent et en toute circonstance faire rendre gorge aux fauteurs de guerre et de génocide, et les empêcher de nuire, au besoin par la force.

Au long de ces années de tourmente et de chaos, Joseph avait déjà beaucoup vécu et beaucoup appris, malgré son jeune âge. Il avait donné davantage qu'il n'avait reçu, et développé une disposition à l'empathie qui lui permettait de compatir ou de se réjouir avec autrui. Maintenant que l'Europe s'ébrouait comme après un long et terrifiant cauchemar, Joseph regrettait vaguement, quant à lui, d'avoir manqué son enfance et sa prime adolescence. Mais le retour à la France, à la paix et à la liberté le raffermit dans sa résolution à repartir d'un pied ferme, à la conquête de valeurs adultes. Baccalauréat en poche, le fils de la cité ouvrière avait maintenant les moyens de s'affranchir des regrets, du temps perdu et du sentiment d'inachèvement qu'il connaissait bien. Comblant son âme écorchée, l'espoir d'un parcours plus gratifiant, bien qu'incertain encore, s'ouvrait désormais à lui.

TABLE

Impression et finition
Saint-Paul Imprimeur
55000 Bar le Duc
Dépôt légal : septembre 2006
N° 08-06-0788

M.D.